DISCOVER
21世紀の学校

# ベンチャーキャピタリストが語る

Discover
ディスカヴァー

着

古我知史

Satoshi Koga

「天才とは1パーセントのひらめきと99パーセントの汗である。」

“Genius is one percent inspiration and ninety-nine percent perspiration.”

有名なトーマス・エジソンの言葉です。この真意は分かりますか？

努力を積み重ねることが美徳という意味ではありません。真意は、どれだけ必死になって努力を積み重ねても、ひらめきが無い限り、すべては無に帰する、という非情な現実を認識するべきだという意味です。

ひらめきとは着眼です。突き抜ける着眼がひらめきです。異端の着眼。

ウェブ上に溢れる情報のコピペ、単なる受け売りのアイデアや思い付きは着眼ではありません。念のため。

目次

プロローグ　答えのない未来は着眼から　008
009　子どもの頃は誰もが「着眼力」をもっていた
011　裏表の無い世界観
016　エッシャーのだまし絵とイヌイットに冷蔵庫を売る話、その共通点は？
025　疑問は着眼の始まり
031　指で操るスマホが「見えて」いた人
035　未来がどうなるかではなく、未来をどうしたいのか

第一章

# 着眼はイノベーションの源泉です

異端の着眼がもたらす革新やイノベーション 040
042 着眼の本質とは何か
051 裸足で暮らす人たち
053 裸足の現地人に靴は売れると思いますか?
059 ベンチャーの創り方
065 大化の改新という歴史
070 歴史と革命は創るもの
076 建築家のパースペクティブ
081 勝つことは負けること

## 第二章 未来を動かす着眼力を鍛えましょう

身近な工夫から思い切った挑戦までいろいろあります

088
091 三上とマントラを意識せよ
097 ルール、他人の目、自分の目の三つのブロックを外せ
105 議論・放談・雑談・与太話を楽しむべし
111 大きな疑いと大仮説を持て
119 フラストレーションと変身願望を活用せよ
125 フュージョンせよ
133 パラノイアやメガロマニアを仲間に入れろ
141 過去の歴史から、まねぶべし
148 アナロジーやメタファーを使いこなせ

第三章 着眼がもたらすいくつかの未来物語 158
日本国家のあり方から地球上のイデオロギーの未来まで
未来物語①：日本のあるべき姿 163
日本を救うのは、金融でなく、経済諸体制とビジネスの仕組みの改革と革命 165
小さな政府の全方位外交のイノベーション大国を目指すしかない 168
世界一の海洋国家ニッポンに！ 170
未来物語②：資本主義とグローバリズムはどこへ行く 175

実体経済の資本主義と市場経済の市場原理主義のパラレルワールド 177
出口戦略ふたつの私案 182
資本主義という国家権力主義、崩壊への序曲 188
真のグローバリズムという「革命」 194
未来物語③：民主主義のゆくえ 199
民主主義とは、国民による民主的独裁制 203
未来物語（まとめ）：三大イデオロギーの引き起こす 206
複合的問題と総合的処方箋
密結合を疎結合へ 207
個人の生き方はノマディズムへ 210
人類共通の価値観はヒューマニズムに 212
未来物語（おまけ）：人類という種の創世記 214

エピローグ
好奇的セレンディピティ 222

226 おまけメッセージ

# プロローグ 答えのない未来は着眼から

私の生涯職業は独立系ベンチャー・キャピタリストです。組織系キャピタリストは散見されるものの、独立系のそれは日本ではあまり馴染みもなく印象も薄い縁辺系の職業です。私の職業の目的は、常識的にはとることができないリスクをあえてとって、世の中に新しい商品・サービスやビジネスモデルをゼロから創造するお手伝いをすることです。外形的には資本を投下し、ハンズオン、つまり独立取締役などで経営の一角に参加し、事業計画をともに描き、事業の進捗の検証と仮説の練りなおしとその実践をお手伝いする、ということになります。

では、ゼロからイチへ無から有を創造するという、新しい商品サービスやビジネスモデルは、どのように突然生まれるのでしょうか？

それはひとことで言えば、**答えのない問題に答えを見出すクォンタム・ジャンプ（量子的飛躍）**です。**ある一人の個人の中に生み出された主観的で突き抜けたビジョンをクラフティング（造形）すること**です。

そして、そのビジョンが生まれる原動力となるのが、「着眼」です。ふつうじゃない異端の「着眼」です。では、その「着眼」はどのように生まれ、活かされるのか？

それが、本書のテーマです。

## 子どもの頃は誰もが「着眼力」を持っていた

私の心の中に刷り込まれている一枚の絵があります。サン＝テグジュペリの『星の王子

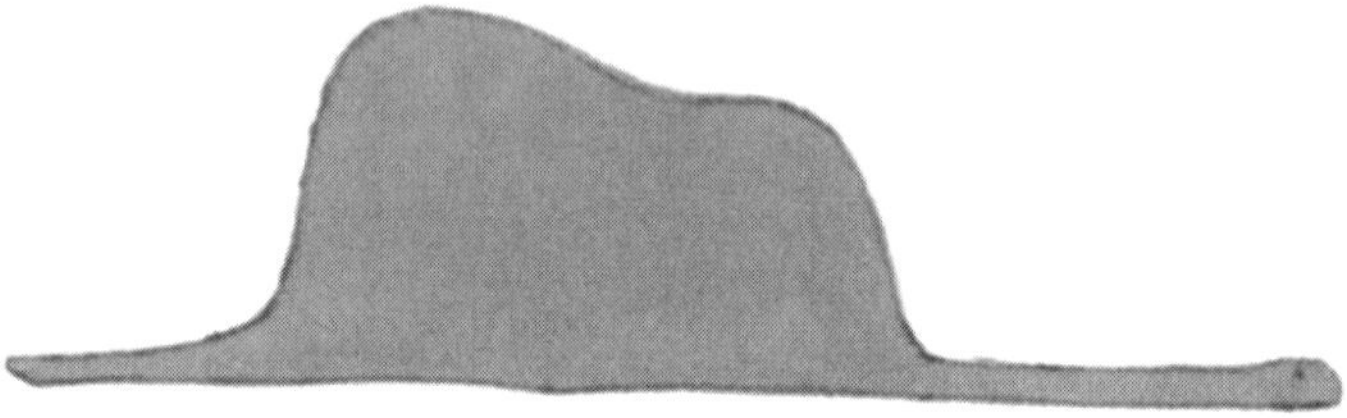

『星の王子さま』（岩波書店 2000年）より

さま』の挿入絵です。サン＝テグジュペリの代表作には『人間の土地』という、重き感動がざわめく私小説がありますが、その『人間の土地』に独白されている背景のとおり、この『星の王子さま』の物語にも実は、深い人間と人間社会への洞察が溢れています。

さてこの挿入絵は、ヘビが象を飲み込んだ絵です。でも、大人の誰一人としてこの絵を見て怖がりません。なぜならその絵は帽子にしか見えないからです。だまし絵にするなんて王子さまはズルい、なんて思われるのでしたら、やはり大人になってしまったのです。

大人になってしまうと、ものごとを素直に多様に別の星からやってきた知的生命体の眼《まなこ》になって見ることができなくなります。

**大人になって着眼力を失うのです。誰でも子どもの頃にふつうに持っていた真眼を忘れてしまって**

『星の王子さま』（岩波書店 2000年）より

**いるのです。**

「大切なものは、目に見えない」という真理を展開しているこの物語は、人間とその世の中のあらゆる局面の見方、着眼の仕方について多くの示唆を与えてくれました。

**答えがない時代の生き方は、子どもの心を持って希望と情熱とともに答えを探し続ける旅をすることです。**

## 裏表のない世界観

お次は有名なメビウスの輪。手元に紙があれば簡単につくることができます。

メビウスの輪

この絵を見て誰もが不思議に感じるのは裏と表がないことです。

表をずっと歩き続けるとそれはずっと表です。つまり永遠に裏はありません。古今東西、東洋では陰陽、西洋では善悪に代表されるように森羅万象にこれらの二項対立概念、裏表の概念こそが世の常識だとされています。

しかし本来は、陰と陽はあるが二項対立ではなく、変化という先では対立が消滅するのです。あるいは、そもそもこの世はアンビギュイティ(Ambiguity)、両義的であるとも言えるのではないでしょうか。

つまり、メビウスの輪の示唆こそが森羅万象の真実ではないかと私は思っています。

地球上で、東は永遠に東です。北も永遠に北です。地球は球体なので、方角は永遠に閉じていない概念だということです。しかし私たちは、東と西や北と南で区別をすると便利なので、二項対立的に認識することが常識だと思っています。

**人間の発達しているはずの認識なんて、所詮こんなあいまいな既成概念に容易に支配されているものなのです。私たちは単純な固定観念にとらわれているのです。**

私たちには常識や慣習がへばりついていて、かなりガンコなこびりつきになっています。そうたやすく消したり、壊したり、忘れたり、変えたりすることはできません。これは、おそらくDNAレベルに刷り込まれた人類という種のひとつの叡智でもあるからです。ふつうは、言い換えれば平常時の対応としては、この常識や慣習や固定観念に沿っていつものようにやっていれば生き延びることができるというのが天からの教えです。

しかし、種として過去に体験をしたことがない（実は体験はしているが記憶にはないか記憶を失いつつある）アンコントローラブル（制御できないよう）な外部環境の劇的変化に対しては、この叡智と呼ばれるふつうのやり方では、人間という種に全面的な破滅をもたらすことになるでしょう。

約二千年前のローマ帝政時代、ヴェスヴィオ山を守り神とあがめ、文化文明を営々と築いたポンペイの人々は、永遠に繁栄し続けることを信じ、住み慣れた都市を捨てることはありませんでした。約千四百年前の飛鳥時代が始まろうとする六世紀末、榛名山の大噴火で日本でも村が丸ごと消滅しています。

ヴェスヴィオ山も榛名山も、人々の安全と安定した生活を見守る神の宿る山であって、予兆となる小爆発があっても、逃げることのほうがリスクが高いと信じ込まれていたのでしょう。

自然の大災害には抗えないかもしれませんが、同様のことが現代のビジネスの世界でも日常茶飯事的に起きています。

日の丸を背負うような一流（と呼ばれた）大企業が根っこから腐っていても、誰も外の世界に飛び出すことはなく、ニセモノの愛社精神を掲げて、我が社よ永遠なれ、と今までどおりのやり方を当たり前に繰り返すのです。前例と慣習に従えば会社は永続繁栄するという常識にどっぷり浸かっているからです。

しかし、私たちが未来に向けて生き抜くためには（少なくとも人間という種の内の一部が生き残るためには）、**明日に向かって、常識や慣習や固定観念を打破することが必要**なのです。全員でなくても少なくとも一部の人間たちは、種を守るためにそうしなければなりません。

つまり、私たちの誰もかれもが当たり前に信じていることに対する大いなる疑いが求められるのです（少なくとも本書を手にしたあなたには）。

**大いなる疑いを持ってはじめて、心の眼は開き、手足も自由に動くようになります。常識や慣習や固定観念を壊す、あるいは超える、何かしらの1％のひらめきが求められるのです。**

固定観念から解き放たれた、突き抜けたひらめき、すなわち異端の着眼こそが、私たちの種の未来の、新たなる世界への扉の鍵となります。

# エッシャーのだまし絵とイヌイットに冷蔵庫を売る話、その共通点は？

古典続きで恐縮ですが、よく見慣れたこのだまし絵。オランダの画家であったマウリッツ・エッシャーの『上昇と下降』の階段の絵です。下から上に落ちる（ように見える）有名なエッシャーの滝のだまし絵でもまんまとだまされましたね。

この階段はエッシャーが、数学者で宇宙物理学者のロジャー・ペンローズの不可能図形を使って、意図的に（つまり趣味ですね）見た者をだますために描かれた絵です。

現実の世界にこのだまされた概念の本当の階段をつくることはできませんが、絵の中で私たちは想像力の認識にとらわれてしまいます。人間は面白いもので、だますエッシャーも楽しんでいれば、だまされている私たちも怒りなどしません。相応に楽しんでいるのです。

# プロローグ

**答えのない未来は着眼から**

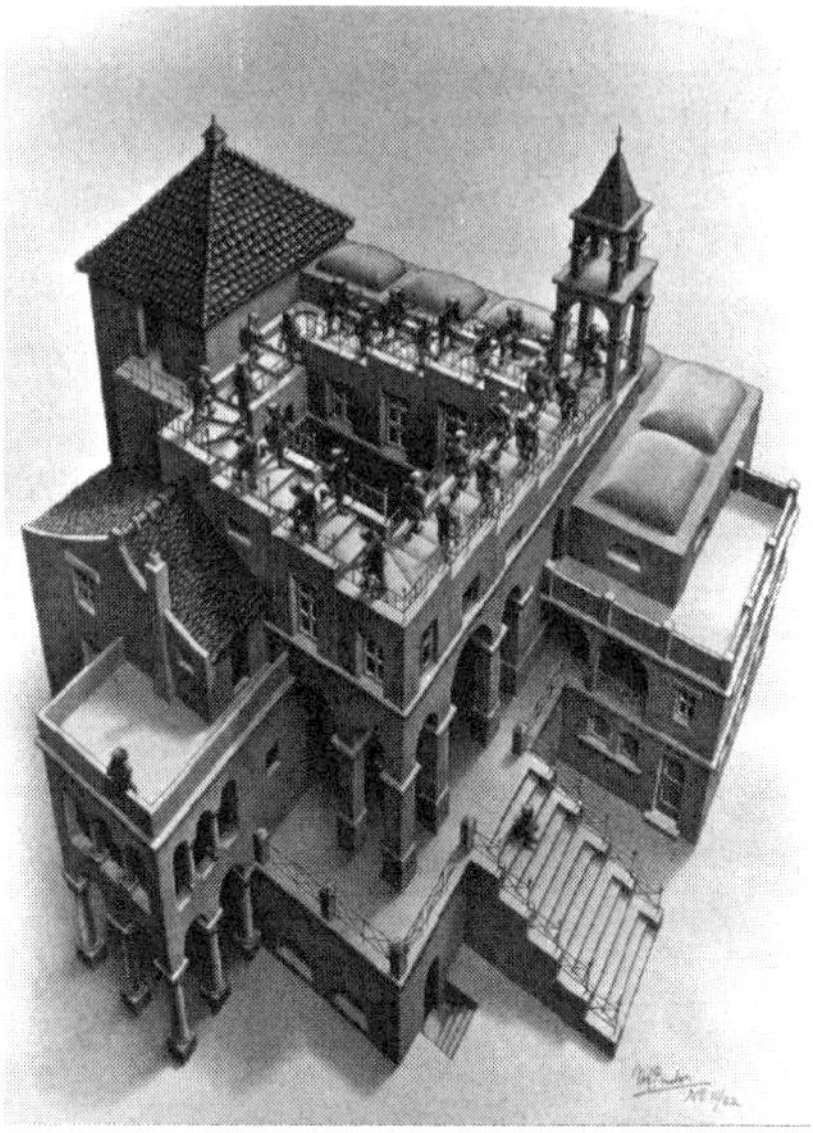

エッシャー『上昇と下降』(1960年)

ところで、この階段は何段ありますか?

答えはさまざまでしょう。ふつうに階段の面を数えれば四十五段ある。いやいや、そもそもこれはだまし絵なので、本当の階段ではないから、段数はない。

ちょっと待った、これは設問が間違えている。だまし絵の階段は数える意味がない。設問自体が論外、とトサカにくる人もいるでしょう。

あるいは、この二次元の絵の中に本当に入ったら永遠に階段を歩いて数え続けるから、無数、もしくは数える人の命の

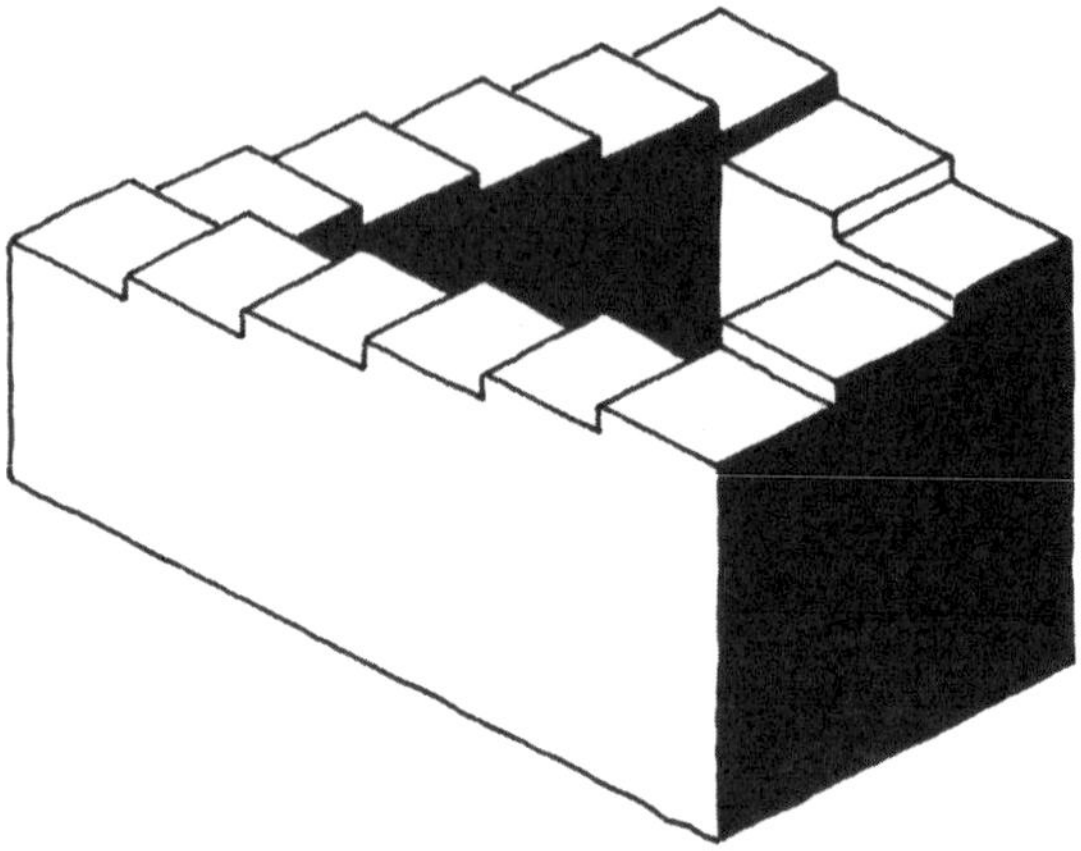

ペンローズの階段

尽きるまでの段数、と言う人もいるでしょう。

これ、みんな正しいかもしれないですね。要は解釈の問題です。

上のイラストが有名なペンローズの無限階段なのですが、そもそも彼が無限階段を描くきっかけとなったのは、エッシャーのおそらくは生涯の最高傑作である『相対性』の絵を見ていたからだとされています。**着眼は次の着眼を生んでスパイラルに循環する**ということですね。

解釈こそが人間の存在を証明すると哲学者は語りました。有名なデカルトの

エッシャー『相対性』(1953年)

『方法序説』の命題「我思う、ゆえに我あり」。あるいは、ニーチェの『権力への意志』での「事実というものは存在しない。存在するのは解釈だけである」。

**私たち人類の歴史も個々人の人生もすべて解釈で存在し、その意味や意義が織りなされているのです。**

征服者が書き換える歴史書と被征服者が記録する歴史書はまったく別のものとなります。悲劇的な人生はある面から解釈すれば喜劇的な人生でもあります。両義的ですね。

解釈は、主観の世界の客観的視点からの結論なのかもしれません。

この世も国もコミュニティも組織も個人も、解釈の中で息づいています。解釈の中で存在の手応えを感じます。解釈の中で新たな生命力を得ることができるのです。

ゆえに、**解釈のためのひらめき、つまり着眼、言い方を換えれば、見方や視点、目のつけどころこそがすべての成り立ちの根源**なのではないでしょうか。

無限階段のだまし絵を眺めていると、脈絡なくイヌイットの冷蔵庫の話が思い出されます。私の頭の構造がカオスであるためになぜかそれらがつながるのです。

ちょっと昔の米国の会社のマーケティング部門にいたことがあれば、暇つぶしに一度は聞いたであろう、いわばビジネスの世界での与太話。

「イヌイットに冷蔵庫（氷でもいいです）を売るにはどうしたらいいでしょうか？」

というあれです。

すぐにバカらしい、そんなこと無意味でしょうと思われるはずです。ふつうのビジネスやマーケティングの常識では、イヌイットは氷も冷蔵庫も商品としてまったく興味がない、ニーズがない、価値を感じないはずですから。

だからこそ、ビジネスの与太話としては意義があります。

そもそも無意味な商品やサービスを価値あるものに感じさせるのがビジネスやマーケティングが目指す目標だからです（すべての商品やサービスがそうだとは言っていません。念のため）。

永遠にターゲットにできない顧客に、どうやって彼らにとって価値のない商品を売るのか？

これはまさに楽しき難題です。取り組まねばならないビジネスの課題です。

では、お付き合いください。ここでは氷ではなく冷蔵庫で考えてみますか。あなたの答えはいかがですか？

これまた人によって答えはさまざまでしょう。

冷蔵庫を優れた保管庫として使う価値を訴求する、というのが至極まともな答えでしょう。稀少な古典書籍や高級スカーフあたりを保管するのにいいかもしれません。外よりも湿けることがなさそうです（ただし、野菜専用保管の引き出しならば、かえって湿けるかもしれませんので電源は入れないでおきましょう）。

同様の発想の延長で、金庫として使うのはどうでしょうか。米国ドラマでＦＢＩの捜査官が容疑者宅で証拠品を冷蔵庫から発見するというシーンを見ることがあります。なるほど、冷蔵庫に入れておけばどこに隠したか忘れたりまぎれたりすることはなさそうです。

ある有名なベンチャーの創業者は、生ゴミを冷凍庫にいったん捨てておく生活習慣があると教えてくれました。生ゴミは貴重品とは正反対の嫌悪の対象で、同じく神棚のごとき隔離が必要です。ねじれていて、ある意味まさに天才的だと、聞いたときに妙に感動した記憶があります。

イヌイットさん用の金庫の場合は、装着オプションとして錠前と警報機をつけることが必須にはなりますね。ふつうの生活圏の冷蔵庫は当たり前で目立たず、まさか貴重品など入っていないという意味で貴重品入れには最適ですが、イヌイットさんの生活圏ではさもありなんですから。

はたまた、冷蔵庫を床の間に（イヌイットさんの家にあるかどうか分かりませんが）見せるために置いておく。つまり、無用の長物ながら自分の権勢か、自分の趣味の良さか、それとも稀少芸術品の誇示のため、でしょうか。いわゆるオタク系所蔵品（日本の昔の銅鐸ですね）として愛でていただくのはどうでしょう。

あるいは、空《から》でもそれなりの重さがあるので、仰向けになって冷蔵庫を両手両足で屈伸

# プロローグ

答えのない未来は着眼から

をしながら上げ下げするウェイトリフティングのバーベルに代わる運動具として使うのは、どうでしょう。周りに転がっている氷を中に入れて重量調整をすれば、負荷レベルが上げられます。

自国の通貨だ（昔は穴が開いた巨石だったが工業化でこの機器に替わった）と嘘を言えば、イヌイットさんから何らかの海産物を手に入れるときに決済手段として冷蔵庫通貨が使えるはず、というようなバカバカしい珍答も許してもらえるでしょうか。

てっとり早く、脅して買わせるのが早いなんて考えるのはやめましょう。

さて、最後の詐欺行為や犯罪行為は除くとして、くだらない答えのほんの一部ですが、これらもすべて可能性がある、かもしれません。ビジネスでの与太話でも、これらちょっとした目のつけ方、前提の置き方、ものごとの見方の違いで、無から有をつくるプロセスを結構楽しめるのです。

# 疑問は着眼の始まり

着眼は疑問を持つことから始まります。

着眼が求められるのは、身近なところでは個人的な疑問、解けそうもない難題、そして未来への空想です。あなたはどんな問題や未来への想いをお持ちでしょうか。

私の勝手な想いで恐縮ですが、個人的に身近にあって懐疑的なのは、日本国家の存立です。そして、世界の資本主義と民主主義の行く末は心配でなりません（特に先進諸国を想定しての疑問で申し訳ないのですが）。

私たち人類は本当にこのままの延長線上で繁栄していけるのでしょうか。**産業革命から一貫して信じて疑いもしなかった「成長」の二文字を幸福の絶対必要条件として堅持し続けるのでしょうか？**

ただひとつの答えや解が見つかるはずもない、重要で未知数だらけのあいまいな疑念に対して、少なくとも現在、中今《なかいま》で生きている私たちは、**何らかの視点を持ち、視野を**

**広めながら、いずれかの未来の方向か未知の領域に視線を注がねばならないのです。**私は、個人としてその責任を勝手に感じながら、自分なりの着眼をしたいと思っています。これらについては、本書の最後の章で勝手気ままな着眼と私的存念を述べてみるつもりです。

もうひとつの個人的疑問といいますか、猛烈な好奇心は、この時空体、宇宙と地球時間と生命体の不可思議です。

私たちの地球はどこにあるのでしょうか？
本当に球体なのでしょうか？
氷河期はいつまた来るのでしょうか？
地軸反転はまた起きる（本当に起きた）のでしょうか？
突飛な疑問ですが、宇宙は存在するのでしょうか？
どこに存在するのでしょうか？

私たちの世界の最小単位である質量のないものの先に、反物質が存在するのでしょうか？　暗黒物質と訳される宇宙のダークマターは、物質でもなく反物質でもないとすれば、何なのでしょうか？　原子核大の超極小ブラックホールなのでしょうか？

私たち以外の高度な知的生命体は宇宙、少なくとも銀河系の中に棲息しているのでしょうか？　言葉を持っているのでしょうか？　同じような概念の生命体なのでしょうか？

そもそも生命体の定義としては何が正しいのでしょうか？

ところで卑近な地球上の人間界の話ですが、霊魂という死後の世界の無形物質の循環はあるのでしょうか？

奇怪な個人的疑問を並べてみましたが、だまし絵の無限階段やイヌイットの冷蔵庫の疑問や課題同様、人間に生まれたからには知的好奇心を持ちたいものです。悩み甲斐のある、チャレンジできそうな魅力的な謎ばかりですよね。

**異端の着眼のきっかけをつくるには、奇怪な疑問を持つことが大事です。**変わった好奇心とでもいいましょうか。

あらゆる疑問や課題は、唯一無二の解と真実を求める傾向はあるものの、実際には決してひとつの答えで解決できるものばかりとは限りません。それを追求するのがいわゆる科学、サイエンスと呼ばれる種類の知的探検です。

この科学の世界は（特に検証が難しい種類の大科学の場合に限って言うと）、一刀両断すれば、着眼遊び、つまり、大嘘であるがために本物っぽい仮説だらけの壮大なお絵かきの場でしかありません。でしかないので、否、だからこそ（ここが大事です）、無限の可能性と果てしない異次元の夢が同居する世界なのです。

つまり、楽しすぎて時間を忘れさせてくれるほどの、人間の能力をすべて賭けるべき大冒険の世界となります。

**どうしても分かりたくなることがある、解決すべき問題や課題が存在する（そのように認識する）ことは、人間として幸せです。**

なぜなら、生命の充実した時間を過ごすことができるから。時間消費（人生）というコストを支払う価値があるからです。神（が存するとすれば）が人間に与え賜うたギフト、贈り物でしょうね。

# プロローグ

答えのない未来は着眼から

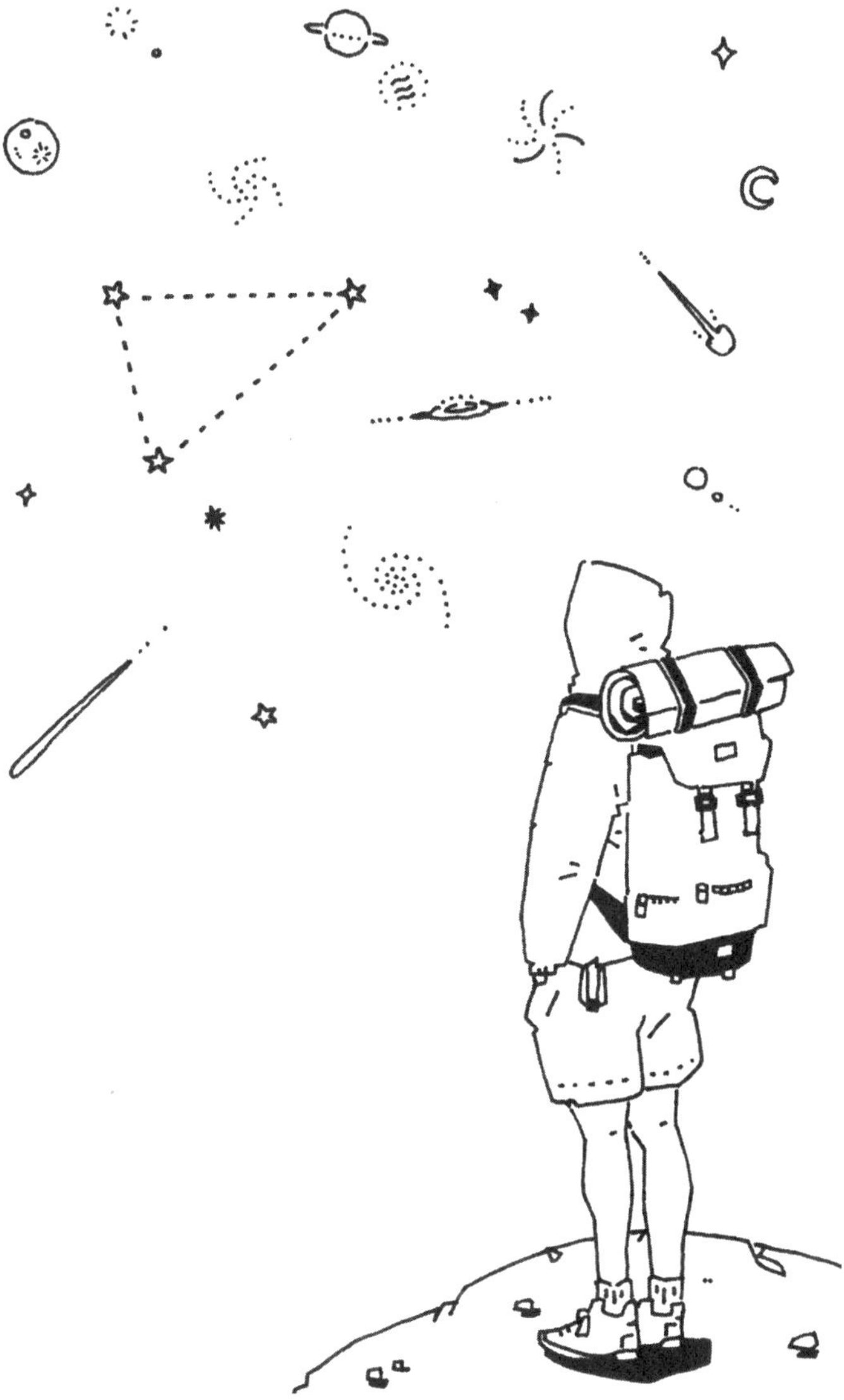

科学者の端くれでもない私には総括する能力も資格もありませんが、首をはねられ晒し首になる覚悟で言えば、答えらしきものをたくさん見つけること、たくさんつくりあぐねることが、楽しいうえに、人間という種の進化としても好ましい方向なのではないかと思っています。

私たち人間は生きている限り、有限な存在ながら、多様な永遠の疑問や解けない課題に対する答えを探し続けています。生命の真実は、その答え探しの旅そのものであり、答えを見つけ確定させることが目的ではない、ということではないでしょうか。

スピリチュアルになりつつありますが、私たちの日常生活やビジネスの現場において、常にこれが繰り返し試されています。

**人生を歩み、世の中が進化するということは、未来に向けて探していた答えを現在という現場で挑戦し、実践することです。**

# 指で操るスマホが「見えて」いた人

スティーブ・ジョブズの主観のインターフェイスが三十億人の指を動かしています。ジョブズのソウルフルな亡霊が世界中のスマホ端末の画面で縦横無尽に踊っているのです。彼が、子どもの頃の指の記憶を強烈に意識しなければ、そしてアップルの技術陣が、彼の異常なまでのこだわりを苦悶しながらも熱狂的に支持していなければ、私たちはまだ複雑にボタンを押し続けていたかもしれません。

ジョブズの主観の世界の着眼が人類の生活習慣を楽しく変えたのです。

では、この次は何が来るのか？　どうなるのか？

ちょっと古いSFながら、名作映画『マイノリティ・リポート』で、主人公のトム・クルーズが扮する犯罪予防局のジョン・アンダートン刑事が、空間で手指を動かしながら立体映像を操り、未来の犯罪現場の情景を予知・観察し、犯罪の事前抑止のための情報を検索し対応策を練るシーンがあります。まさにこれは、現在の指によるインターフェイスという未来への予見でした。

蛇足ですがこの映画には、二〇五四年モデルのトヨタ自動車のAmazing in motion、レクサスが登場します。日本ではまだレクサスブランドが登場していなかったので、映画公開当時はとても未来的なインパクトを受けました。不思議なもので一度目にしてしまうと、今ではもうひと昔前のありきたりなモデルに思えてしまいます。

確かに、二次元の指のインターフェイスが進化して三次元になるだろうと想定するのは当然ですが、いかにも単純です。着眼不足は否めませんし、何かしら物足りない感じがするのは私だけでしょうか。

話は戻りますが、**指のインターフェイスの進化が二次元から三次元へと延長線的、連続的に続くと考えるのは自然ですが、私の直感は違うと騒いでいます。**

それなら次は、いわゆるウェアラブルＩＴのリスト（腕時計）型かグーグルが力を入れているグラス（眼鏡）型での眼球の動きと音声による入力なのでしょうか。

世界中の人々が歩きながらブツブツ独り言を言っている姿は異様で滑稽な光景です。直感的には、これも過渡期にある姿であって、何かしら違うように思えます。

いったい、究極はどうなるのでしょう。脳に電極やチップを埋め込むというようなふつうの仮説ならばありますが、駄作だらけの列挙になるのでやめておきます。進化は、まだ誰も知らないところが面白いのです。次の着眼をジョブズ再来かのごとく、誰がいつどのように打ち出すのか分かりませんが、想像するだけでワクワクします。

すぐに分かるようでは驚くような着眼ではありませんし、未来が楽しみにならないので、その日を首を長くして待つことにしましょう。もちろん待つだけでなく、自分も参画するつもりですが。

この映画よりも古い経営書ですが、「ディズニーランドは顧客が中に入れるマンガ」と言い切ってくれた、二〇〇〇年に日本語訳された『経験経済』（流通科学大学出版）で、**顧客の経験からビジネス変革への着眼をするきっかけとして、「顧客我慢」を知るべきだ**と述べられています。

顧客我慢とは言い得て妙な響きですが、要は顧客満足の反対視点です。顧客満足が「顧客が得られたと認知しているもの－顧客が得られると期待していたもの」とするいわゆる付加価値認識の増量分だとすれば、顧客我慢は「顧客が受け入れたもの－顧客が本当に求めているもの」とする価値毀損認識の期待を裏切る減量分となります。

**この価値毀損に当たる部分にこそ、ビジネスや商品サービスの次の変革のタネが眠っている**ことを示唆してくれました。

しかし概念では分かっても、この価値毀損部分の顧客我慢の原因となっている「顧客が本当に求めているもの」を、実は誰も具体的に表現することはできないのです。顧客が本当に求めているものは現在には顕在化しておらず、未来のどこかで密かに待っているからです。

経験経済が分かれば経験から未来が予測できるという安易な理解は、ばっさり否定されました。経験は次の経験を予定できず、未知であるというのは、当然の結論です。

これら一連の結論は、**所詮、未来は誰も予想できない**という厄介なものです。

# 未来がどうなるのかではなく、未来をどうしたいのか

未来への着眼は、だからこそ挑戦しがいがあり、心躍る未知の冒険への誘惑の香りがするのです。

指で操るスマホを使った便利で楽しい生活は、過去の私たちが、本当に求めていた未来の体験だったことは、今になって、慣れてはじめて実感できます。

ジョブズにはスタイラスペンやボタン入力が、我慢ならない存在や習慣だったのです。彼はもしかしたら未来から来た宇宙人だったのかもしれないとSFチックに思いたいのは、私だけでしょうか。

**未来は私たちの誰にとっても未知であり、したがって私たち全員にとって公平な機会が存在する茫漠とした可能性の海原となって、眼前に広がっています。**

未来の宇宙人ならば経験をトレースバックして未来という経験が描けますが、ふつうの

FUTURE

# プロローグ

**答えのない未来は着眼から**

私たちは過去の経験をフォワードルッキングに反転させて未来を描くことはできません。描けるものだと勘違いをしておられる方はかなり多いようですが。

本書の意図は、ともに、未来の宇宙人の着眼を体得する、言い換えれば、超主観の異常者になりきっていくための思索やトレック（散策や旅）をしてみようということです。

不確実性が増す（増しているように見える）現代では、ビジネスのあらゆる局面で、人生のあらゆる選択において、答え探しに対する多様な着眼、つまりさまざまな見方や考え方、とらえ方、解き方、挑戦の仕方、実行への入り方、説明の切り口の方法などが、ますます重要になっています。

明るく楽しく、人間の本能を解放して、少々の勇気を持って、多面的に、できる限り尖って、癖のある、自身の着眼をすることが、従来考えもしなかった未来の道筋を発展的に（時にはジャンプして）定めるのです。異端の個性的な着眼は、成長と変化の新しい糸口と機会をあきらかにしてくれます。

本書では、ご一緒に、ちょっとへそ曲がりの着眼がもたらす革新やイノベーション、日頃から着眼する習慣をつけるための工夫や方法論、天下の変人たる私の着眼が示唆する未来物語などについて、一緒に考え、構想してみたいと思います。

本書を幸運にも手に取られたあなたは、着眼がすごい異端児！

お気に召したら、どうぞ、暇つぶしのお供にしてください。

古我知史

# プロローグ

## 答えのない未来は着眼から

は

ションの
です

# 第一章

# 着眼
# イノベーー
# 源泉

# 異端の着眼がもたらす革新やイノベーション

## 着眼の本質とは何か

着眼が何であるのか、何であってほしいかについては、本書全体を通じて語りたいと思います。私は、着眼の本質はひとつの答えや説明で表すことができないという結論を持っていますので、ここでは、着眼を多面的に理解するために、着眼の本質を着眼することから始めてみたいと思います。

まず私は、**着眼は、計画ではなく希望やロマンの類《たぐい》**だと思っています。

**着眼は、理性や論理ではなく感性や情緒が織りなす世界観**に近いと思います。

より厳密に言うと、理性や論理を含む感性や情緒が紡ぐ世界観です。**何かしらのイマージュ。科学を超えたアート。**そう理解し表現していいのではないかと、雑駁《ざっぱく》ながら考えています。

ビジネスの世界で珍重される言葉としては、**イノベーション、もしくはその入口となるインサイト、**と言い換えられるものが、着眼です。

着眼とは、日常用語としては、目から鱗が落ちること。視覚が突然変異することで、視点や視野が激変する、様変わりするという意味で使われることが多い単語ではないでしょうか。

そもそも人間は管からできた生物。管の中に流れる栄養素を取り込むために口と肛門ができました。管の生物に最初に必要だったのは、栄養素が含まれる食べ物を探し当てる触覚です。最も原始的な人間の機能は触覚なのです。

しかし、触覚で感じたものを何でも摂取すると、危険な毒素も含まれる可能性がありますから、必要で安全な栄養素を選り分けるために、臭覚と味覚ができることになります。

さらには競合する生物よりも真っ先に食べ物を発見・獲得し、そして時と場合によっては競合生物の脅威から逃げたりしなければならないので、聴覚や視覚が必要になります。種を保存し、発展継続させるための優越的地位を獲得することを目的に、人間はこれらの五感の感覚器を備えたのです。

その中で最後にできたのが視覚、つまり眼と考えられます。

視点や視野を形成する、視覚を司る眼は、進化の過程では最も高度な器官だと思われます。現代では最も駆使される器官ですね。

こうして聴覚や視覚は、最も高度に発達した生物である人間の利器となりました。あらゆる外界の刺激となる情報たちが洪水のように入り込んでくる器官です。

でも、もしそのまますべての情報を受け入れたら、ハチャメチャな混乱が起きるはずです。現代の情報のメガ洪水の環境では生命体の安定を維持できないでしょう。

そこで注目されるのが脳の機能です。脳学者ではないので正確なことは言えませんが、少なくとも脳の重要な役割は、入ってくる情報を選別する機能だと断言しても差し支えないと思います。種の保存に必要な情報を瞬時に選別する脳の機能と、聴覚や視覚がつながっているということです。

長い年月をかけ反復して蓄積された脳の経験は、視覚などを支配することでしょう。おそらくここに視覚の習慣が生まれ、そのために視点や視野の固定化が行われるのだと思います。

現場・現物をとらえる視野だけでなく、物理的に物を見ていない状態での思考を形づくる、概念の視点や視野も同様と考えていいかと思います。**視点や視野の固定化は、種の安定維持のために必要な脳の選択機能**なのです。

長きにわたって習慣化すればするほど、固定化した視点や視野から得られる情報伝達の処理の経路は、強化され太くなるでしょう。

今までそれで問題なく生き延びてこられたわけですから、その経路を変更する必要性は一切ありません。こうして従来どおりの視点と視野は保護され、既存の枠組みを守護することとなります。

守護されるのなら何も問題ないじゃないか、とお叱りを受けるかもしれません。私が本書で強く提案しているのは、この固定化した視点や視野を意図的に無謀にも変えろということですから、お怒りになるのも当然です。多くの平穏に生きていたい人間にとって、日頃の繰り返されている現状はそれで何も問題はないのですからね。

従来の安定した視点や視野をあえて変えろ、という提案は、確かにその人間の破滅を促すことにもなりかねません。ふつうの脳はそう判断するでしょう。リスクをあえてとる合理的な（実は経験的な）理由がないからです。

もし従来の安定的な枠組みから逸脱する言動をとれば、それを視覚でとらえた多くの脳はその言動を排除する命令を出すでしょう。なぜならば、種の保存と維持発展に障害あり、とみなすからです。**理性的判断とは、過去の成功経験の公式に当てはまるかどうかの形式的判定である**ことが多いのです。

しかし、一部の人間の脳（と同時に誰の脳の中にも潜在的にある脳の機能）は、その逸脱言動を魅力的だととらえるのではないか、とド素人の仮説ながら、私はそう想定しています。

逸脱言動は危険です。しかし、潜在的に誰しも人間は（脳の機能かどうかは分かりませんが）、**危険を抜け出したところに快感がある**ことを、誰に教えられたわけでもなく、根源的に、つまりは本能的に知っているのではないでしょうか。だからこそ、大冒険にワクワクし、ロマンが生まれ、イノベーションが可能になるのではないでしょうか。ロマンやイノベーションは決して最初から快感を与えてくれる代物ではなく、むしろ受難や困難を覚悟しなければならない厳しい環境を切り抜けてこそ這い出てくるものです。

**この逸脱言動を自ら起こすきっかけが着眼、逸脱言動を魅力的ととらえるのが着眼だ**、というのが私の持論です。これが着眼の本質なのです。

**視覚とつながる脳の反応が一義的だと視点や視野は固定化し、新しいものは何も見えてきません。視覚とつながる脳の情報伝達と処理の経路を変えないと着眼は生まれないのです。**

従来の固定的な視点や視野、つまり視覚と脳の一義的な反応伝達のメカニズムを打破するのが、人間の種としての記憶、種としての根源的能力ではないかと私は勝手に考えています。脳科学者や専門家からご批判を浴びる覚悟で、さらに私の仮説を続けます。

すなわち、**着眼とはとどのつまりDNAレベルの覚醒**ではないかと思っているのです。つまり、すべての同じ種である人間の中にある共通のDNAの中に織り込まれている根源的な仕掛け、今風に言えば「種のプログラム」なのではないかと、真面目にそう思っています。着眼DNAスイッチは人間である限り全員が潜在的に保持しているものなのではないかと。

覚醒するかどうか、つまりその形質がどのようなきっかけで顕在化するかは分かりません。外界からの有形無形の刺激なのだろうとは思いますが、ひとたび覚醒すると、視覚や聴覚などから入ってくる情報や刺激の反応経路が、従来の経路だけでなく多様な経路に拡大するのではないでしょうか。

そうすると、今まで見えていなかったものが突然見えるようになるのです。
今まで考えもしなかった発想やアイデアが突然降って湧いてくるのです。
従来ならば何とも思わなかったものが、突然不思議と面白そうに思えてくるのです。
常識だと信じ切っていたものが疑わしく思えてくるのです。

進化論の適者生存で引き合いによく出される話で恐縮ですが、あるとき、突然変異で白

第一章 着眼はイノベーションの源泉です
異端の着眼がもたらす革新やイノベーション

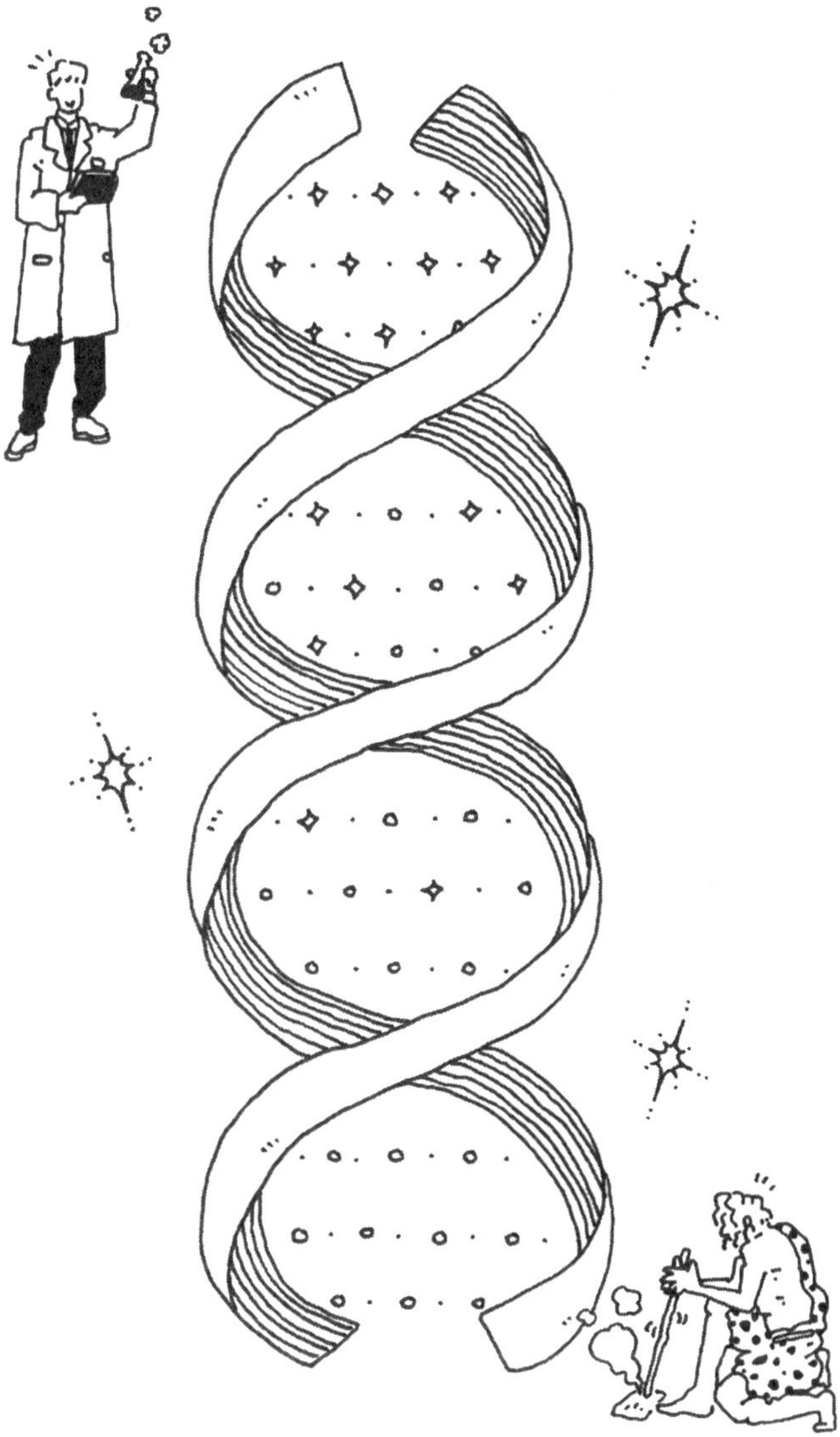

い蝶の仲間に羽が黒色の蝶が出現します。突然変異といっても、そもそもは劣勢の潜在遺伝子としてその色のDNAは保持されていたのです。

産業革命によって壁が黒くなったために、天敵である鳥が見つけやすい白色の蝶が捕食されることになり、結果として黒色の蝶の遺伝子が支配的になって優性遺伝となり、新たな形式で種としての維持発展が可能となりました。

生き残るためには、たまには潜在的なDNAを覚醒させて突然変異をしてみる種のチャレンジが必要なのです。もし壁が黒くならなければ、黒色の蝶は仲間外れにされ天敵に捕食されるだけですが、その場合は、同種の蝶の仲間の発展のために名誉ある犠牲になったということです。

人間には蝶にとっての鳥のような不適者の間引きをしてくれる天敵はいません。人間にとっての天敵は、宇宙や地球という天地自然、そして同じ種の人間たちや人間のつくる組織や社会制度やシステムやインフラだと思います。

だから人間は本能的には無意識に、常に現状に対して暴力的になり得るのではないでしょうか（ちょっと主題から逸脱してしまいましたが）。

私の持論を繰り返しますと、**着眼は遺伝子レベルの突然変異的起動、覚醒だ**ということです。どうやって覚醒させるかは科学的には分かりませんが、私は人間である限り誰でも自らその覚醒の促進ができるはずだと考えています。そして、**人間が持つ内側からの意志こそが、その原動力のひとつ**だと信じています。

意志が脳のなせる業かどうかは分かりませんが、誰もが主体的に持つことができるものです。その意志をくすぐって目覚めさせる方法や糸口、それほど意志が強くなくても、だましだまし日常的に習慣を変えることで覚醒させるテクニックなどについては、後段の章でいくつかご紹介したいと思います。楽しみにしていてください。

## 裸足で暮らす人たち

私たちの多くが生活や人生で関わっているのが資本主義経済体制の中の会社であり、会社が営むビジネスです。おそらく読者の皆さんのほとんどは、直接か間接的にビジネスに関わっていらっしゃるでしょうから、ここでは着眼がもたらすビジネスの有り様について考えてみます。

着眼が生み出すのは、革新的なビジネスとその会社です。物珍しい革新的なビジネスが生まれるときには着眼が必須となりますが、着眼は必ずしも過去に生み出されたことがない初モノに限られるわけではありません。既存のビジネスをちょっとひねったオペレーションの革新も、死筋商品《しにすじ》の起死回生リバイバルも、物珍しい切り口があれば、革新性を生み出します。

**すべては、その会社の誰か（たち）の着眼が始点**となっています。誰か（たち）の主観が生み出す新たな着眼の世界観が、革新的なビジネスのタネなのです。これが多くの人間にとってホントに新しくて珍しく、世の中を変える力があれば、イノベーションと呼ばれます。ただし、**イノベーションが最初に生まれたときは、世の多くの人は気づかない**ことが多いものです。

イノベーションは人間の主観が多様性を持つからこそ生まれることになります。

プロローグでイヌイットに冷蔵庫を売るにはどうすればいいでしょうか、というくだらない質問をしてみました。あえて常識では到底考えられないものごとの見方から面白い発見があるかもしれないことの一例でしたが、同じ趣旨で、たとえば裸足の現地人を見てどう思うか、どうこの現実をビジネスにつなげるか、一例を挙げながら考えてみます。

## 裸足の現地人に靴は売れると思いますか？

頭の硬い、ふつうの真面目なサラリーマンに問えば、多くはこう答えます。

「裸足で生活できている現地人に靴のニーズはないから、靴は売れないだろう」

ちょっと頭の柔らかいアグレッシブなふつうのサラリーマンは答えます。

「無限の潜在市場がある。文明の利器である我々の靴を教えれば、きっとニーズが顕在化するに違いない。靴は必ず売れる」

あなたは、どういう答えをしますか？

このふつうのふたつ以外こそが新しい発見、ビジネスの機会につながる面白味のある着眼になります。いくつかあると想像できますが、ここでは、まともなその他の見方としてふたつ挙げてみましょう。

一つ目の例。文明生活に浸っている我々が慣れ親しんだふつうの靴ではない、新しい靴を創造する。史上初の「裸足で暮らす人用」の靴の創造です。日本人の世界で言えば、ワラジや地下足袋のような新コンセプト商品でしょうか。

二つ目の例。現地人の裸足に似合う裸足アクセサリーの創造。つまり透明靴のイメージです。裸足のままで生活を楽しんでいる人たちにさらに楽しんでもらえるように、裸足に似合う、さまざまな（透明靴の）アクセサリーの品揃えをするのです。照りつける太陽のもとできらめくアクセサリー、歩き走る速度によって音が変化するアクセサリー、獲物を仕留めるごとに勲章のように増やしていけるアクセサリーなど。

ここに挙げたふたつの例はそれほど驚くような着眼ではありませんが、ここでご理解いただきたいのは、**着眼は集団で同時に思いつくものではなく、個人の主観的な独立勝手な世界観からポンと生まれる**ものなのだということです。

もちろん、ブレーンストーミングのような方法や環境を用意し、集団で互いの個を刺激し合い、個人の主観的な着眼を引き出すのはいいかもしれませんが、手法や場の設定を目的化してこだわりすぎないことが大事です。

これら、ビジネス機会をとらえる、ふつうでない考え方やアイデアは、それぞれ別の主観を持つ個人が多くの外界の刺激も当然受けながら、ひとりでふと生み出したものであるということを理解していただきたいのです。

**着眼には、独自の視点を持って、人とは別の切り口で目の前の現象をとらえる、主体となる個人が必要です。**

その独立独行の主体が主観的に悩み考え行動するからこそ生まれるのが、着眼です。

**面白味のある、まったく呆れてしまうような、想像を絶するような、まれにイノベーションにつながるビジネスの着眼機会は、個人の世界観から生み出されるのです。**

裸足の現地人の世界に靴の市場があるかないか、の二者択一の答えを出すことは誰にでもできます。経験豊富な客観的な世界では、常に答えは、あるかないか、のような二項対立の単純な構造の中の選択肢となるのです。

多くの大人たちは子どもの頃から、良いか悪いか、やるかやらないか、のような二者択一の二項対立観の考え方を習慣的に身につけてしまっています。

マグマ大使も七色仮面も（ちょっと古いですね）、暴れん坊将軍も水戸黄門もスーパー戦隊シリーズも、正義の味方と邪悪なる者に二分され、必ず正義が勝つという結末に溜飲が下がる、ほっとする、というのが物語の筋でなければなりませんでした。

たまにあまのじゃくな作者か監督かが、悪者が生き延びて勝つ可能性を示唆するというものもありましたが、後味が悪く、不人気作品や駄作となるのがオチでした。大衆は正義の味方が常に勝利するのが好きなのです。

しかし残念ながら、この単純な構造の中での、良いもの選び、強いもの選び、正義の味方選びをしている限り、世の中は真の意味では、本物にはならない、楽しくなりません。

**生命体と生命の環境が自然な形でそうであるように、複雑怪奇な構造の中で多種多様な選択肢があることが真の姿です。**

私たちはそのような決まった答えのないような複雑怪奇な構造の数えきれない複数の選択肢を見せられると、大いに悩み立ち止まる性癖を持っています。けれども、立ち止まり、立ちすくむと、次には何も生まれてきません。自然の真の姿からかけ離れた人工的な生命のない生命体という無機物になってしまいます。つまり人間をやめる、ということになってしまうのです。

現地人の方々に、かつて裸足で暮らしていた人たちがいつの間にやら身につけた価値観や、靴を履く習慣を押し付けてはいけません。そうではなく、自分がかつて裸足で暮らし、純粋な人間だったときのことを思い出すべきです。思い切り人間に戻ってみるのです。裸足を楽しんでみるのです。

大いに悩むことは、私たちにとっては一見苦痛に感じられますが、悩みながらもエイヤーと勇気を持って進むことはとても大事で、それが連続するなかで、大きな快感になる瞬間が見つかるものです。そして、そのことを、実は私たちはみな、心の底ではなんとなく分かっているのです。それが人間です。

**可能性が爆発する**というふとした気づき。表現としては正確ではないかもしれませんが、まさにそれこそが着眼が生まれるスタートの瞬間なのです。

# ベンチャーの創り方

プロローグで自己紹介しましたように、私の職業は、ベンチャー・キャピタリストです。つまり、世の中に新しい商品サービスやビジネスモデルをゼロから創造するお手伝いをすることが私の仕事です。したがって、私はふだんから多くの起業家にお会いします。

日本では流行り病のように十年から十二年ぐらいのサイクルで、起業が増えベンチャーが注目される時期があります。本来、定常的にそうでなければならないのですが、なかなかそうはなりません。

最近のGEM（グローバル・アントレプレナーシップ・モニター）の調査報告でも日本の起業活動率（18歳から64歳までの人口に占める起業活動に従事している割合）は依然として五％に満たず、中国の四分の一以下、米国の三分の一程度、台湾や韓国にも劣後している状況がずっと続いています。

世の中では起業家の数をもっと増やそうだの、廃業率が多くて開業率が少ないから開業率を二倍にしようだのと熱心に議論されていますが、そう簡単に起業、つまり新しい事業などできるものではないという否定的な認識や諦観がはびこっていますので、劇的には数は増えそうにありません。

起業という挑戦に多くの個人が目覚め、本能的に魅惑され突き動かされない限り、起業の普及にはほど遠いでしょう。加えて、世間が起業行為を賞賛してくれれば追い風になるのですが。

昨今、久しぶりにベンチャーブームです。しかし、ふわふわした起業が散見されますので、ここで大事な点に触れておきます。

それは**起業と創業は異質である**ということです。

少々の勇気や無謀さがあれば起業はできます。たとえば独立してスマホのアプリ開発に取り組むのは、スキルとやる気があれば簡単にできることです。

簡単にと言ってしまいましたが、それでも確かに、なかなかできないことであることには違いありません。ただ、起業ではありますが、創業ではないのです（言い切ることはできませんが)。

**創業とは、永き未来に向かって発展性のある事業をつくり、次世代に引き継ぐことで、社会に新たな雇用や付加価値を継続的に生み出す、意義ある粘り強い活動を意味します。**

ここで私がいう起業とは、この創業を意味するものとご理解ください。

ベンチャー・キャピタリストの究極のミッションとは、新しい産業を創造する可能性を秘めているベンチャー、起業家と創業チームを育成することです。革新的事業を断層的に垂直的な成長イメージで立ち上げ、周辺に新たな事業のネットワークをどんどん生み出していくことを目指します。

ゼロサムゲームで競合からシェアをただ奪い取ることや、既存ビジネスモデルの延長にあるコンビニ加盟店の開業などの起業を手伝うことではありません。

今や日本と世界の中核産業たる巨大な自動車産業も、元をただせば欧米のいくつかの小さなベンチャーから生まれたのです。

特にユニークな製造工程に着眼してどこよりも安いオペレーション・コストで大量生産を実現させた、ヘンリー・フォードが起業したフォード・モーターには敬服します。現代の地球上に広く自動車を普及させたその歴史的功績は絶大です。

パーソナルコンピュータ産業も、ビル・ゲイツのマイクロソフトというガレージ発（米国でのひと昔前の起業はガレージから始まりました）ベンチャーの起業がなければ生まれなかった現代の新産業です。

このように、**産業を創成するまでにつながる偉大なるベンチャーの出現は、アントレプレナー（創業者）の独善的着眼から生まれ出る**ことがほとんどです。

ビル・ゲイツはまさにゴータマ・シッダールタこと仏陀と同じく、天上天下唯我独尊の自信過剰者でした。あえて独善的と表現するべきと感じられるほど、着眼した時点での未来に向けたアイデアやコンセプトは、ふつうの人には狂人扱いされるか、大企業ではまず相手にされないものでした。

起業をした頃の彼は変人で、偏屈なコンピュータ・オタクでした。彼の頭の中だけでは現実化していた、コンピュータが一人一台になる時代は、すでに今では過去となるほどです。

偉大なるベンチャーを生む異端のアントレプレナーたち

Photo/Getty Images

まだミニコンという大きなコンピュータ――当時は従来のコンピュータに比べれば劇的に小さかったのでミニなのです――が普及し始めた頃に、それがほど遠くない未来に目の前の机の上に置けるものになると、誰が断言できたでしょうか。

私はこのような未来志向のアイデアやコンセプトの着想を、「鷲掴む発想」と呼んでいます。現在生きている世の中の全員を鷲掴みしなくてもかまいません。

未来を生きようとしている人たちだけをまずは鷲掴みにすればいいのです。それこそが異端者のずば抜けた着眼です。

産業創成につながる起業は、三つの

「間」、時間、空間、人間の中で生まれますが、その三つの「間」を貫くのはアントレプレナーの独善的着眼のパワーです。

その着眼は常に、遠い未来からのプルイン、あるいはバックキャスティング、つまり引き戻す形で今に生まれ出るのです。

偉大なるベンチャーが成し遂げる創業への着眼は大いなる不可能に対する宣言です。不可能だと多くの人がおののき身を引くためにその絵姿は余計に大きく見えます。**不可能を可能にするのは、お化けのような信念と、未来の市場に入り込む洞察を強制化するような着眼のなせる業**といっていいでしょう。

日本人の起業家の事例を出さなかったので蛇足します。個人的には日本電産の永守重信の吠え方にはいつも感銘を受けております。具体的な事業ビジョンではありませんが、永守さんの三大精神は、私の職業人としての座右の銘でもあります。

「**情熱、熱意、執念**」、「**知的ハードワーキング**」、「**すぐやる、必ずやる、できるまでやる**」です。これらは真です。なぜなら、ワクワクする未来が首を長くして私たちをいつも待っていてくれるからです。

# 大化の改新という歴史

私は歴史という事実はなく、解釈で歴史が創られる、と考えています。ニーチェが、事実は存在せず解釈のみが存在する、と言い切っているのと同じ思想です。

この意味においては、歴史教科書に記述されている史実は、目の置き方次第でまったく違う解釈の史実になります。


昨今では天皇制の現代的意義を見直すために、昭和天皇の太平洋戦争における姿勢や考え、玉音放送をはじめ終戦に至る言動について注目する研究や特集が組まれています。

お隣りの中国をはじめ、多くの欧州やアジアの地域・国家が王朝交代の歴史を繰り返すなかで、日本だけが権力者が替わっても万世一系の天皇制だけは変わらないというのは、流行り言葉で言えば、なかなかクールジャパンです。

しかしながらどうやら国家権力者たちの頭の中には、それを利用しつつ、国家の中央集権的求心力の強化やその枠組みの再構築を目指すという深謀遠慮があるのが、苛立たしく感じます。

現代史実の政治体制議論を俎上に載せるのはまたの機会として、ここでは古代歴史のエポックメーキングとなった政変である、いわゆる「大化の改新」を例にして、歴史の着眼について考えてみたいと思います。

大化の改新とは、六四五年（試験勉強で、無事故〈むじこ《六四五》〉で終わった大化の改新って覚えませんでしたか）に、のちの天智天皇となる中大兄皇子とその参謀の中臣（藤原）鎌足らが共謀し、当時の権力者たる蘇我一族の蝦夷と入鹿父子を倒し、天皇を中心とした中央集権国家を目指した国家体制の大改革だと教えられてきました。

しかし、事件の推移だけを見れば、旧勢力の豪族と新勢力の豪族の権力争いだったのです。蘇我一族も日本国家をどうするかというビジョンを持っていたのであって、どちらの勢力も国家をいかにマネジメントすべきかという強い想いや信ずる志を持っていたという点においては、優劣も善悪もありません。

どちらが正しいかではないという発想起点と、もし史実が違っていれば歴史はその後どう展開したのかという着眼の創造が必要ではないでしょうか。

戦国時代でたとえれば、織田信長と徳川家康のどちらが天下を治めたかで日本のその後の歴史の進捗と展開は相当変わっていたはずです。

私の着眼は、この大化の改新が失敗に終わり、蘇我一族が統率する群雄豪族支配の象徴天皇制を礎とする強力な中央集権国家を創成していたほうが、日本はグローバルに開かれた欧州の英国のような国家になれたかもしれないという想像です。

英国と日本が大陸に近い島国国家にしてまったく違った歴史的地位の差異が生じたのは、この歴史的事件が分水嶺ではなかったのかと思うのです（どうか決して検証され得ないタラレバをご容赦ください。いずれの勢力が勝ったにせよ、日本国家は民族国家として安泰だったと確信していますが）。

最近の研究では、蘇我入鹿は聡明な政治家だったということが分かってきています。開明的でグローバルな視点でものごとを考える政治家であった入鹿は、当時の世界大国である隋のあとの唐（おそらく当時にGDP指標があれば、世界の50％を占めていたであろう超大国）との友好的な関係を構築すべきと大方針を決め、唐と結ぶ朝鮮半島の新羅《しらぎ》のような関係で、而《しこう》して地政学的には島国特有の有利な独立繁栄国家のあり方を構想していたのではないでしょうか。

後出しジャンケンになりますが、現代から見れば蘇我入鹿のほうが冷静に世界情勢を分析し、より安全で挑戦的に開かれた日本国家の生き残りと、なおかつ、唐を利用した世界進出への発展策を描いていたのです。


一方、中大兄皇子らは、唐の支配下になる可能性のある選択肢は避けるべしと考え、朝鮮半島の百済《くだら》を取り込み、唐と新羅の連合に対峙することを構想していたのではないかと思います。

これは、欧米連合国に無謀にも宣戦布告した太平洋戦争開戦の愚行にもなぞらえられる、世界情勢に対する内向きな判断の甘さがあったように思えますが、いかがでしょうか。

のちに天智天皇になる中大兄皇子は、百済を救済復興すべく朝鮮半島に出兵するものの、白村江の戦いで唐と新羅の連合軍に散々に打ち負かされています。

歴史にタラレバは禁物ながら、もしこのときに、当時の世界の超大国である唐が高句麗《こうくり》征伐のほうに執着していなければ（幸いにも唐の百済討伐は新羅とともに次に高句麗を討伐するのが主眼だった）、倭の国（つまり日本）は唐から一気に攻め込まれて侵略され、属国になっていた可能性もかなり高いのです（恐ろしや、クワバラクワバラ）。

当時の東アジアの勢力図
高句麗（こうくり）
新羅（しんら）
百済（くだら）
唐（とう）
日本
飛鳥（あすか）

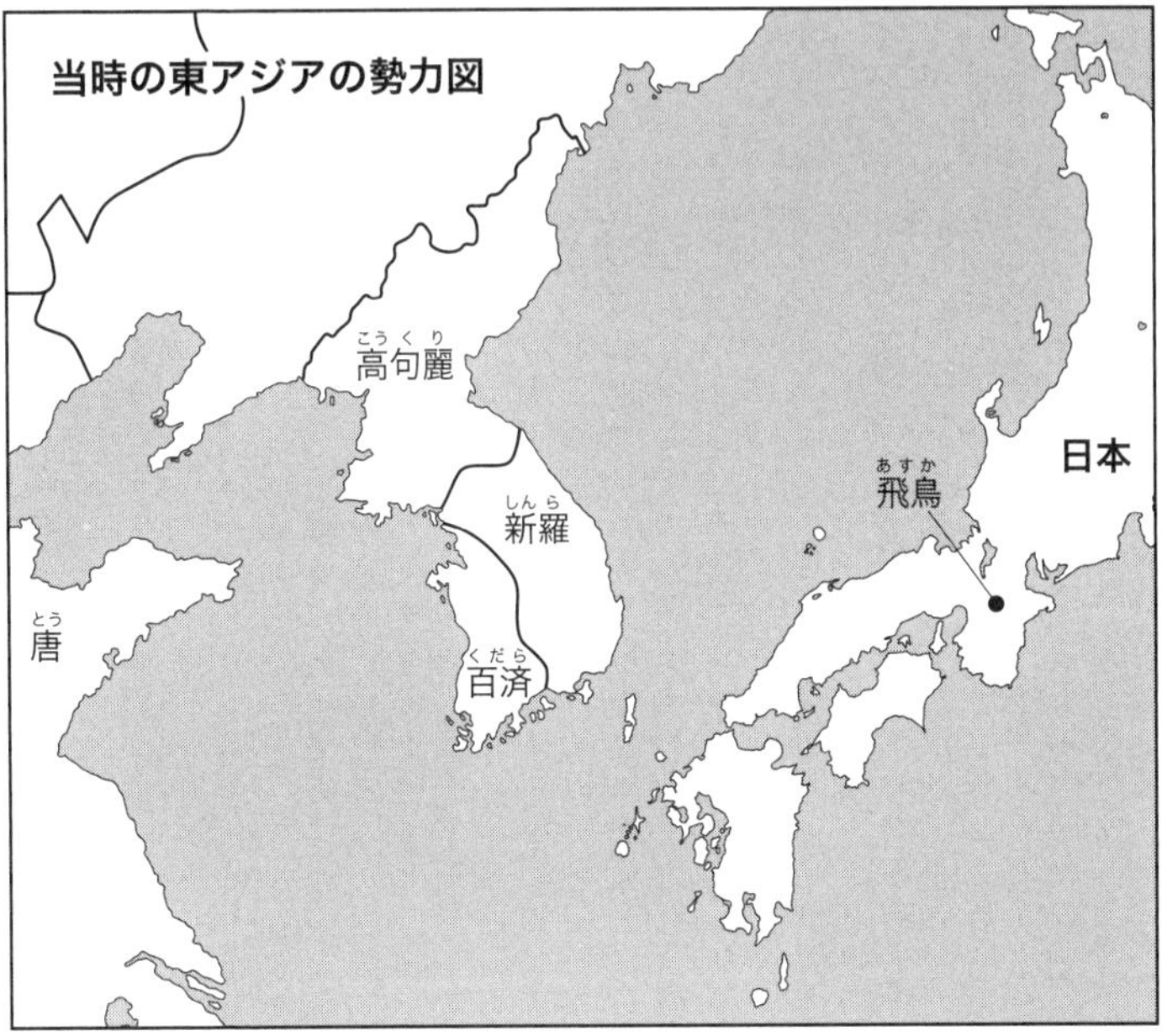

　ある意味で、この大化の改新という内向きの体制変化から、日本の長きにわたる鎖国的な内弁慶の独立国家志向のパラダイムが確定したのではないかと、私は考えています。

　日本という国家の名前も、昭和や平成のような元号も、この時から定められたということで歴史的評価は高いのですが、世界の情勢を見誤っての独立国家志向は、大きなリスクを抱えた船出でした。

　現代日本でもグローバリズムの中のあり方が模索されていますが、日本国家国民がグローバルになることは、長い日本の歴史の中ではなかなかに難しい体制変革、構造改革であることを示唆する原点の出来事が、この大化の改新だったのです。

このような歴史的に重要だとされる事件の歴史的断面に対する異質な着眼が、異端の未来への歴史解釈を生みます。**現在進行形の出来事が未来に何をもたらすのか、着眼する努力を忘れてはならない**のです。

# 歴史と革命は創るもの

歴史は創られます。歴史は解釈という意味でもあり、実態という意味でもあります。世の中がイノベーションによって断層的に変革するきっかけは、慣性の法則で変化なく動く時間軸の流れのある時に存在します。振り返ればこの時しかなかった！　そういう決定的な局面、歴史的瞬間です。そんな局面は時間軸のどこにあるのでしょうか。

それは、大化の改新の事例のごとく、世の中になんらかの歪《ひず》みが起きたときです。このような歪みの局面に、必ず時代の権力者や大衆のビジョンやイデオロギーの転換、紛糾、運動、あるいは互いに反発する異質な文明や宗教間の対立や衝突が生じています。

**危機的で破壊的なこの歪みの中の混乱の過程で、イノベーションや体制変革が生まれるのです。**

新たな時代の着眼、俯瞰視野が、時の世を大きく揺り動かし、困難や混乱を越えて多くの既得権益者の抵抗を乗り越えて受容されると、断層的にイノベーションが起きるのです。日本語の歴史書ではこれを「革命」や「変」や「維新」と呼びます（「改新」という単語は何らかの意図的な造語でしょうね）。

たとえば日本人の歴史の歪みには、仏教やキリスト教の伝来による土着信仰や神道との遭遇、衝突がありました。仏教を利用したことで知られる聖徳太子。キリスト教を利用したことで知られる織田信長。いずれも外来宗教という異質の絶対価値らしきものを御旗に、主体的にやりたかった世の中の改革を断行します。宗教の利用は大衆を動員するためだったと想像します。

聖徳太子は蘇我一族です。大化の改新で滅ぼされた蘇我入鹿とは親族にあたります。蘇我稲目から見ると、聖徳太子がひ孫で入鹿も別系のひ孫に当たります。
日本という国家の称号は実は聖徳太子がオリジナル発案者です。本当は実在しなかったという説もあり、日銀券の図柄からも消えましたが、タイムマシンでお会いしてみたい歴史ロマンの人物です。

織田信長は立派なパラノイア（偏執狂）です。メガロマニア（誇大妄想狂）とも言えます。キリスト教の布教を認めバテレン（宣教師）を重用し、地球儀を回しておそらくは世界の王となるビジョン、つまり夢を見た稀有壮大な人物です。その熱烈信奉者たる豊臣秀吉はその夢の片鱗を継ぎました。無謀な朝鮮出兵はその表れです。
信長がキリスト教を利用した真意は、従来の権威の全面否定でしょう。天皇、つまり朝廷も、征夷大将軍率いる幕府も、無意味、無価値としたかったのだと思います。

織豊政権時代には、現代企業社会の経営戦略に欠かせないプラットフォーム戦略を地でいく楽市楽座の商業自由化政策が断行されました。それにより、旧勢力とつながる既得権益は破壊されました。そして、前後とつながりのない豪華絢爛なる安土桃山文化の華を咲かせました。

パラノイア信長は、戦争の戦略戦術も刷新しました。一部の武士と農民で組成していた当時の軍の編成とはまったく異なり、金で兵を雇い、独自の専門部隊である鉄砲隊を編成するなど、画期的な挑戦をしたのです。慣性の法則で動く世の中とはまったく異質でした。これらが当時の文化や体制に大衆を巻き込んで大きな歪みを生み、次の太平の世へと転換させていったのです。

日本の歴史の上で文明の衝突の例としては、やはり幕末から明治維新が欠かせません。黒船来航は、極東で二百五十年間眠りこけていた島国日本を震え上がらせました。「泰平の眠りを覚ます上喜撰（酒の名前ですが、蒸気船つまり黒船ですね）。たった四杯で夜も寝られず」の狂歌は当時の幕府役人の狼狽ぶりを風刺しています。薩長土肥の下級武士にとっては異質の文明国の蒸気船の大砲のすさまじき轟は、慣性の法則にあった当時の体制を根こそぎ破壊変革する近代から現代への時代の維新、スタートダッシュの号砲となったことでしょう。

さらに、権力と信条の衝突たる太平洋戦争の敗戦は、日本の産業イノベーションの土台をつくり、現代日本の方向性を決定づけました。敗戦後、四十万人以上のＧＨＱの米国役人や兵士たちが、母国を遠く離れた極東の島国で暮らした（暮らしてくれた）ことが、さらに文明の衝突を決定づけたのです。

変な話ですが、一時的に占領軍が暮らしてくれたおかげで、アングロサクソンのライフスタイルが、土足で一気に日本人の頭と心に入り込んできました。戦争では負けたものの、これにより、大化の改新以来、千三百年経って、日本と日本人の鎖国は真に内側から解かれることになります。これこそ大化からの永き眠りの「改新」でした。

「鬼畜米英」を信じ込んでいた日本人は突然、自由な米国の文明と文化の息吹にさらされます。図書館で、学校で、大量の映画や写真や情報をシャワーのように浴びました。米国の食事、カフェ、衣服、音楽を一気に暴力的に体験したのです。

日本に駐屯していた米兵に対する内部放送たるＦＥＮは、公共の電波を使い日本人のすべての家庭の中、若者の頭や体の中にジャズやポップスをどんどん流し込みました。

まさに時空の転換点でした。日本の伝統や文化が古くて価値のないもののように見え、太陽族が生まれたのです。皮肉なことに、太平洋戦争の前後で豹変した当時の大人たちに反抗する姿勢が、米国の文明文化を頭から信奉してしまう若者を量産したのです。

夏の海岸で集まる若者たち。太陽族と呼ばれた

大化の改新と呼ばれた史実からの千三百年間を俯瞰すると、安土桃山時代と二回の世界大戦の時代を除いて、日本は地球上に存在していなかったようなものです。日本と日本人が本当の意味で地球規模のセンスに目覚めたのはここ百年ぐらいのことです。

**現代の私たちが過去の歴史的な史実をどう着眼し、どのように解釈するのかで、未来に向けたビジョンや方向性が変わってくるのです。**

地球市民としてのクールな日本人の生き方を、実践しようではありませんか。

# 建築家のパースペクティブ

「光の十字架」に触れたとき、これを創った人は、子どもの頃に野山を駆けずり回っていたのだろう、と妙に共感と感動を覚えました。

大阪府茨木市北春日丘、現代的で簡素なプロテスタント系の街の教会の礼拝堂に、それはあります。著名な建築家の安藤忠雄が創ったから感動したのではなく、野山を駆けずり回った子どもの頃のままでいられる人が眩しく感じられたのです。

私も子どもの頃に、同じく野山といっても中途半端に開発された市街地周辺の野原を走り回って、背丈の倍にもなるあわだち草やススキ、葦《あし》の隙間のけもの道の交差点を見つけては、自分だけの基地（男の子は小さい頃に基地をつくって遊ぶのがふつうでした）にしたものです。

基地に座り込むと、生い茂った雑草の間に太陽の光が漏れてきて、祝福を受けているような高揚感がありました。まるで天地創造の大空に広がる雲から漏れ落ちる光の束のようなイメージです。

光の十字架（http://www.ibaraki-kasugaoka-church.jp/gallery.html より引用）

傑出した建築家と呼ばれる多くの人たちは「視点の創造家」だと思います。

未完のサグラダ・ファミリアで有名なスペインの十九世紀末の天才建築家のアントニ・ガウディは、コミュニティと空間と歴史をつなぐ視点を持っていたように感じます。

ガウディに限らず当時のモデルニスモ（モダニズムのことです）の芸術家たちは、人間と空間と時間という三つの「間」をさまよいながら創作に励んだのではないでしょうか。

素人の私には専門的かつ芸術的な検証はできませんが、産業革命が一巡したヨーロッパの世紀末にあって、自然と神と人間をどうコミュニティに融合し、実体化するかというようなテーマが顕在化したのではないか、と勝手な想像ながら、思いを馳せています。

フランスのアール・ヌーヴォーは中央で生じましたが、スペインのバルセロナがあるカタルーニャ地方のモデルニスモは周辺地域で生じたところに味わいと深みがあります。過去の歴史を引き継ぎつつも、中央の工業化の中で忘れつつある地方の自然に学び、天の神に手を伸ばそうとする創作家たちにもまれ、ガウディの建築思想は花を開いたのではないかと思います。

自分が設計する建築物が神の視点からどう見えるか、小さな子どもの視野にどのようにおさまるか、走っている人の視線にはいかなる絡み方をするのか、晴れの日は、雨の日は、雪が積もればどうなるか。あらゆる時間と空間と人間の視点の重なりの中で、イマジネーションを醸成していったのでしょう。

このようなイマジネーション、建築物のでき上がり完成図を、**パースペクティブ**と呼びます。日本語に訳せば「視座、視点、俯瞰」というような意味です。パースペクティブこそ、建築家の哲学と姿勢を表出する根幹の着眼です。

日本の歴史にさまざまな形で各地に痕跡を残す城。建造物としてはユーラシア大陸の城塞都市を模していながら、山城から天守閣を持つ平城と、日本独自に発展した城もまさに、城の主である権力者と造り手（建築家）のイマジネーションが融合したパースペクティブの賜物です。

有名な城と言えば、江戸城、大阪城、名古屋城や熊本城、そして、やはり美しい姫路城でしょう。ただ、個人的な想いですが、歴史上エポックメーキングな日本の名城は、間違いなく幻の安土城だと思います。

織田信長は偉大なるパースペクティブ・ビルダー、類い稀なる建築家でした。同時に国家体制の建設という観点からも偉大な建築家であったように思います。

欧州の国民国家の礎をつくった中央集権型の絶対王政と呼ばれる国家体制は、織田信長が実に百年も前に、この日本でその構想とひな形をつくっていたのです。安土城の城郭内にあった摠見寺は一説には信長をイキガミとして祀ったとされますが、これは絶対王政を正当化する王権神授説につながるものです。

天下布武のメッカとなった地上32メートルの安土城の天主閣（通常は天守閣と書きますが信長は天主と書かせました。これもイキガミであることの決意でしょう）に信長は寝泊まりしたと伝えられています。高層建築の最上階に住んだのは天孫降臨以来、信長が間違いなくはじめての日本人だと思います。その絶景なる眺めの中眼下に広がる琵琶湖は、信長が好きだったと言われる地球儀の太平洋と重なっていたに違いありません。

安土城は、現代においては残念ながら誰もその本物を見たことがありません。安土山の上に聳え立つ黄金の天主はどれほど神秘的で威圧的で美しかったことか。タイムマシンがあればぜひとも拝んでみたいものです。

『信長公記』の記述には、築城のために運んだとされる「蛇石」の存在が見えます。推定3万貫、112トンのその蛇石がいまだに発見されないのはミステリーです。イキガミ・ノブナガの霊が宿る蛇石を人々が分体として削っていったのでしょうか。今となっては確かめようもありません。

なぜこのような巨石を運ぶことを決めたのかもいまだに狂おしい魔性の謎となっています（少なくとも私にとっては）。

# 勝つことは負けること

**イノベーションとはいわゆる「勝つ」ことでもあります。勝つためには着眼は必須です。**

自分との闘いにおいても、他人との競り合いにおいても、職業においても、会社や国家などコミュニティの内外の競争においても、人生、生活のさまざまな場面で勝つことを前向きに意識することで、イノベーションの可能性が生まれます。

スポーツは勝つことを目指します。スポーツ大会に参加することに意義はありますが、勝つことで、その意義は極限化され目的は達成されるのです。

サッカーのワールドカップは、世界中の観戦者を楽しませてくれる、地球規模で親しまれるスポーツ大会です。そこで繰り広げられる目を見開くスーパープレイは、即興のイノベーションです。

二〇一四年にブラジルで開催されたワールドカップで、オランダのロビン・ファン・ペルシが見せた即興のダイビング・ヘッドによるチーム初得点は、鮮烈な印象を残しました。ほかにも数えきれないほどのスーパープレイはありましたが、なぜこのような技がここで出るのかと不思議に感じられるほどの感動的な即興劇が試合を彩りました。

四年に一度の栄冠はドイツチームに輝きました。ドイツチームは訓練の賜物である計算されつくしたシステムプレイ、セットプレイなどが完璧でした。さらに防御システムが完全な中での巧妙な電撃攻撃プレイが勝利を呼び込んだのだと思います。

優勝はできませんでしたが、コロンビアのハメス・ロドリゲスやアルゼンチンのリオネル・メッシが見せた迫力のある個人プレイも光りました。怒涛のチーム一体となった攻撃に連なる個人プレイの即興劇をおおいに楽しませてくれました。

よく組織化されたチームがなければ、絶対に実現しない個人プレイであったことが分かります。

サッカーでは個と組織のバランスが大事だとされます。ブラジルのネイマールのドリブル技のような、瞬間先の未来を予測する変幻自在の足技には目を見張りますが、個の力としての神業のようなプレイに加えて、勝つための得点に連なるチームの組織力が働かないと、それは無用の長物となります。

サッカーの組織力には二種類あります。ひとつがコーナーキックからのセットプレイに代表される、事前に検証的に仕組まれ、システム化された組織の連携力。もうひとつがカウンター攻撃のときのような、試合の防御から攻撃に変わった局面での全員が阿吽《あうん》の呼吸で臨機応変に攻撃ネットワークを紡ぎあげていく即興のチームプレイ力です。特にこの後者に強力な個人力が加わることでチームは最強になります。

組織力はインフラ、つまり基底の力、個人力は突然変異的な瞬発の力とでもいいましょうか。極みに達するチームは、これらの組織力と個人力を固く結びつかせて、試合を我がものにするのです。

この**勝つための組織力を基底とした個人力の即興劇の組み合わせこそがイノベーションの源泉です。**

あらかじめ計算して生まれてくるものだけではなく、**突然生まれてくるものを予定するのです。**

では、どうやってこれを実現させるべく準備すればいいのでしょうか？　当然、科学的かつ合理的な個と組織の訓練が、必須かつ重要です。即興劇が本番の試合中に突然出現するように、日頃から各個人とチームとがとにかく訓練しなければ何も始まりません。

しかし私の仮説は、実は最も大事な準備は、負け試合をしっかりと、チーム（組織）とそれを構成する個人が体験し、負けた後に組織という主体と各個人が冷静にじっくりと省みて検証することにあるのではないか、というものです。

**組織自身と構成する個人が、真剣勝負の中で負け試合を体験することこそが、組織力と個人力を結びつけて、未来にイノベーションを起こす**ために最も大事なことなのです。


極みに達したプロ野球選手のイチローが、想像を絶する記録である日米四千本安打を米国で達成したときに、淡々と答えた内容にしびれました。

「こういうときに思うのは、別にいい結果を生んできたことを誇れる自分ではない。誇れることがあるとすると、四千のヒットを打つには、僕の数字で言うと、八千回以上は悔しい思いをしてきているんですよね。それと常に、自分なりに向き合ってきたことの事実はあるので、誇れるとしたらそこじゃないかと思いますね」

日本でプレイをしている頃から、よくイチローはこのように言っていました。

「僕は決して打率4割とは言わないんです。6割の失敗は許してやるわ、と。いつもそう言っているんです」

つまり、6割の失敗を思い切ってやりきるという宣言です。

**イノベーションの瞬間を生み出すためにやること、それは他者からは見えない積み重ねとして真面目に自覚的に多くの失敗をするということ、そしてその失敗たちと正面から向き合うこと**ではないでしょうか。

同じ野球の世界での名プレーヤーにして名監督の筆頭に、ノムさんこと野村克也を挙げたいと思います。野村監督の采配は、ＩＤ野球と銘打ったデータを大事にする実践マネジメントでした。負けることに無自覚的に慣れっこになっていたヤクルトを優勝に導いたことは世間から驚きをもって注目され、その手腕は高く評価されました。

特に印象に残っているのは一九九五年の日本一です。手塩にかけて育てた古田、池山、高津、石井などの選手が活躍、日本シリーズではオリックスのイチローをまるで野村監督自身が捕手をしているかのように細かく一球一球を指示して封じ込め、4勝1敗で日本一を決めました。

野村監督の勝ち方のコツは、シンプルな不動のルールのもとでできています。たったひとつの簡単な決めごと、「連敗をしない」ルールを忠実に実現するということです。絶対連敗しなければ勝率は5割を超えます。たまには連勝もします。長いペナントレースでは二試合連続して負けないことが重要なのです。

連敗をしないために大事なのは、やはり負ける理由の分析をしっかりするということではないでしょうか。野村克也のヤクルト監督時代の成績は、1187試合628勝552敗7分けで勝率は5割3分2厘、ヤクルト球団の歴史で勝率、勝ち数ともにトップの成績を残しました。5割を超えることが名監督と称賛される条件です。

イチローの打者技術は打てない6割を認める打法、野村監督の野球は負けない野球。二人とも**失敗することをよく研究して咀嚼《そしゃく》した**うえでの先進的プロ野球人なのです。

ハーバード大学のクリステンセン教授が示したのは、イノベーションを阻むのは、優秀な企業ほど自己の成功した技術の持続的な進化に集中して溺れてしまうジレンマに陥るからだという卓見でした。

個人も組織も勝ち続けるとまた勝つことしか考えなくなるものです。負けることを恐れ、負けてもそれを軽視して振り返って吟味できなくなるということではないでしょうか。クリステンセンは、優秀な技術者は、「登れるが降りられない症候群」にたやすくかかることを発見したのです。確信犯的に負ける、自覚的に降りることができるのがプロフェッショナルだということです。

野村監督は多くの名言を残していますが、ある名言がノムさんの勝負哲学を表しています。それは江戸時代の肥前国平戸藩の心形刀流剣術を信奉した松浦《まつら》静山藩主の『剣談』から引用されたものでした。

曰く、「**勝ちに不思議な勝ちあり、負けに不思議の負けなし**」。

これがすべてを言い尽くしています。

# 動かす力をしょう

# 第二章

# 未来を着眼鍛えま

# 身近な工夫から思い切った挑戦までいろいろあります

着眼の面白さ、着眼こそがイノベーションを生み出す原点であることをお分かりいただいたところで、この章では誰もが着眼上手になる方法論、いわゆるハウツーについて思うところ、知っているところ、体験・検証済みのところを述べてみたいと思います。

人によって使いやすそうな方法とそうでもない方法が混ざり合っているかと思いますので、いずれか自分にとって役立ちそうなものを見つけていただければ幸いです。

**着眼力訓練法①**

# 三上とマントラを意識せよ

まずは、小手試しのふたつの方法論といいますか、着眼機会を得られる方法をふたつ、三上とマントラについてご紹介しましょう。

中国の宋の時代の詩人の欧陽脩《おうようしゅう》が着眼妙案の浮かぶところは三上と述べています。欧陽脩自身が詩の創作をするときにテーマが浮かんだ場所の体験を紹介したものでしょう。

三上とはご存じのとおり、馬上、枕上《ちんじょう》、厠上《しじょう》の三つです。現代版で置き換えれば、**散歩中**（車や自転車の運転中と書きたいところですがこれは危険ですからやめましょう）、**枕上**（これは同じ）もしくは通勤電車でうとうとしているとき、そして、**厠上**（これも同じ、トイレの便座の上ですが）ですね。

妙案を思いつき新たな着眼点を発見できる必須の前提条件としては、三上に遭遇する日常において、**ひとつの課題や問題に集中して強く激しく徹底的に思い悩んでいなければなりません。**何の問題意識も悩みもなく漫然と過ごしている日常の中で、三上で天から降ってくるような着眼ができるはずはありません。**日頃から沈思凝想でひとつのことに深く取り組み続けているからこそ三上でひらめくのです。**

中学生の頃に読んだノーベル賞科学者の湯川秀樹博士の『旅人』という本の中で、博士が常に枕元にメモ帳と鉛筆（だったと思います）を置いて、夜中にふとひらめいたことをメモに書き殴るという習慣があると紹介されていたことを思い出します。不思議な感銘を子どもながらに受けてその日から枕元にメモ帳と鉛筆を置きましたが、いつもただ熟睡して朝を迎える日々が続いて、ノーベル賞には到底届かないとひどく落胆したものです。

今思い出すと笑える話です。子どもの頃の私には何も悩む課題や問題などなかったのですから当然のことでした。

長じて独立した事業者として働き出してからは事務所に泊まり込んだり、夜中に突然起き出してパソコンを叩いたりするのが当たり前になりました。といっても湯川博士の境地には現在もまったくもってミリ単位でも近づいていませんが。

なぜ三上がいいのか、私の知識をもって科学的に説明はできませんが、多くの人間が過去から共通の体験として会得しているものです。着眼方法論としてはまずはお勧めの経験的方法であることは間違いありません。

意識的に三上の回数を増やそうとか、三上にあってよし着眼するぞ、という覚悟や決意は不要です。日頃から大きな課題に思い切り悩み考えあぐねている状況こそが必要です。

三上でなぜひらめくか、おそらくは、三上ともに**瞬間的にその行為のために頭や心が白紙になる**からではないかと思います。

**瞬間的に、目が開いているのに何も見ていない状態をつくる**からでしょう。

馬上と散歩中は危ないように思いますが、枕上や厠上では、目は開いているにもかかわらず、何か外のものを見ているのではなく、その眼は自分の頭の中や内面のイメージを凝視しているのです。心眼の眼《まなこ》とはこういう瞬間の見え方なのかもしれませんね。


二つ目の小手試しの着眼方法は**マントラを唱える**ことです。

マントラとはサンスクリット語で「言葉」を意味しますが、密教や魔術ではいわゆる短い呪文を意味します。真言とも訳されています。

恐れる必要はありません。ここでご紹介するマントラはそんな宗教チックなものではなく、むしろ「どっこらしょ」「よいしょ!」に代表される口癖や掛け声とでも思ってください。

体育会系の部活動をされたことがある人であれば、仲間と一緒にランニングなどをするときにいかなる由来か分からない意味不明の掛け声をともに唱えた記憶がありませんか。それです。また、生活の中で無意識に繰り返すことになってしまう流行り唄のサビのフレーズも、間違いなくマントラの一種かと思います。

この、特に意味なき、そもそもは意味があったとしても、唱えるときには単なる音や旋律や声でしかないマントラを繰り返す習慣と無自覚な反射神経が、突然のひらめきを与えてくれるのです。

三上との組み合わせですと、**散歩しながらの鼻歌マントラがお勧めの強力なコンビネーション**ですね。このコンビネーションは私自身が実証済みです。今まで解けなかった問題に対する一般解の延長線上にはない、少し飛んでいながらも極めて優れた仮説解をひらめかせてくれたことが何度もあります。

**単純なフレーズの繰り返しの中で突然絶句するように閃く**のです。

最近のマントラ女王はさしずめディズニーの大ヒット映画『アナと雪の女王』でエルサが歌う、「れりごー」(Let it go)ですね。世界の女性たちの明日への夢を切り拓く強烈なマントラになったに違いありません。

般若心経は強力なマントラでもある

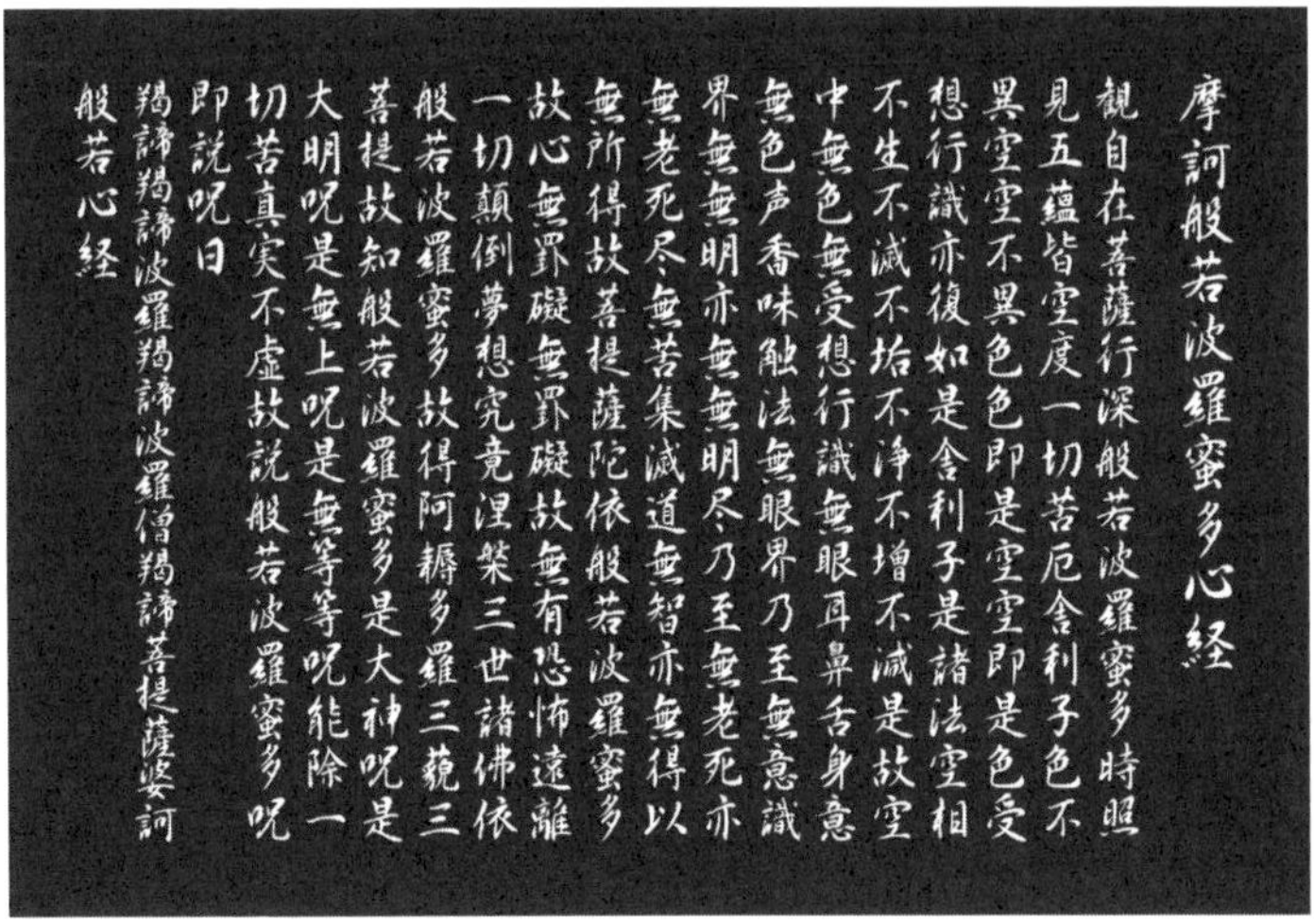
摩訶般若波羅蜜多心経
観自在菩薩行深般若波羅蜜多時照
見五蘊皆空度一切苦厄舎利子色不
異空空不異色色即是空空即是色受
想行識亦復如是舎利子是諸法空相
不生不滅不垢不浄不増不減是故空
中無色無受想行識無眼耳鼻舌身意
無色声香味触法無眼界乃至無意識
界無無明亦無無明尽乃至無老死亦
無老死尽無苦集滅道無智亦無得以
無所得故菩提薩埵依般若波羅蜜多
故心無罣礙無罣礙故無有恐怖遠離
一切顛倒夢想究竟涅槃三世諸佛依
般若波羅蜜多故得阿耨多羅三藐三
菩提故知般若波羅蜜多是大神呪是
大明呪是無上呪是無等等呪能除一
切苦真実不虚故説般若波羅蜜多呪
即説呪曰
羯諦羯諦波羅羯諦波羅僧羯諦菩提薩婆訶
般若心経

Photo/Getty Images

日本のご年配の方々にとっては長めの呪文（のようなもの）ですが、音として覚えやすい般若心経が、最も強力なマントラでしょう。般若心経の意味は深淵ながら、

「ぎゃーてい、ぎゃーてい、はらぎゃーてい、はらそーぎゃーてい、ぼーじーそわか」

と唱える（というか聞こえる）くだりを声にするたびに、思わず微笑んでしまうのは私だけでしょうか。

もともと、このフレーズは訳すことができなかったために、サンスクリット語の発音のままになっているそうです。この音感が時代と思想と民族と言語を超越して魅力的に感じられるのが、不思議でなりません。

自分の声で無心になって般若心経を唱えていると、やがて**別の時空に意識が移動して別世界の未知の答えに遭遇する**ことになります。今までになかった着眼ができるのです。

意味を考えながら唱えているわけではなくとも、その意味するところは突き抜けています。写経もいいですが、なぜか写経の間はひらめきがありません。

特に私が好きなのは、前半の「照見五蘊皆空、度一切苦厄。……色不異空、空不異色、色即是空、空即是色」のくだり。空《くう》というのは森羅万象の宇宙の原理です。したがって、すべてが空《くう》であるというのが悟りなのだと思います。

突き抜けているのは、「空即是色」と言い放つところです。色という私たちの短きはかなき命のある人間存在は、空《くう》という宇宙の原理のひとつながらも、その宇宙の原理がまた同時に私たち人間自身一人ひとりに投影されているという意味です。

空《くう》という宇宙の原理を瞬間的に切り取るのが色なのです。「色即着眼」です。

着眼力訓練法②

# ルール、他人の目、自分の目の三つのブロックを外せ

多忙の極みの中で、三上すらもできない。白紙になれない。このような悲しき現代人のあなたにも、意識的に取り組んでもらいたいことがあります。忙しい中でもできます。それは、着眼を阻む、次の三つのブロックを外す練習です。

**①ルール・ブロック**（会社の中の内部統制やコンプライアンスなどがうるさい）
**②ソーシャル・ブロック**（他人の目がうるさい）
**③セルフ・ブロック**（自分の中にいるもう一人の自分がうるさい）

これら三つのブロックは、多くの現代人が無意識のうちにさいなまれている、自分をいつのまにか制御し制約している強い圧力や立ちはだかる壁を意味します。自分の中にあるブロックですから、すべてはメンタル・ブロックと言ってもいいかもしれません。

## 一つ目は、ルールによるブロック。

ルールによるブロックが生じるそもそもの背景は明確です。子どもの頃からの家でのしつけや学校教育でのしつけの帰結です。なんともやむを得ないものです。ここで法律を完全無視して交通ルールも守らなくていいとは言いません。

しかし**あえて、ルールをたまには忘れて自分の頭で考えよう**というお勧めをします。

若い人たちを育成するときによく話をするのは、「青信号でも渡るな」という示唆深いメッセージです。青信号でも渡らない、とはなんと慎重な、と誤解をしないでください。青信号でも確かに危険なことはありますが、どちらかと言えば赤信号でも渡れる道路の状況は幹線でなければ結構多い、ということに気づいてほしいのです。**たまには自分の五感と頭で判断して車道を渡りなさい**というメッセージです。

ルールがもたらす問題は、ルールに従っていれば「いい子ちゃん」と評価してもらえるので、盲目的にルールを守り、ルールこそが正しいと信じてしまう結果、人間の言動の一元性や一面性の固定化、思い込み、思考の硬直化が起きることです。

**なぜそのようなルールができたかも考えず、ルールを破ると何が起きるかを想像することもなく、ただ何も考えずにルールを守ることで安心してしまう**のです。

常識的な世の中のルールを学校で教わり、社会人になっては会社のルールを盲目的に信じる。これでは新しい発想も着眼も生まれるはずがありません。自分勝手なルールでの思考の遊びができませんからね。

ルール・ブロックを外す練習ですぐできることとして、まず自分が無意識に遵守しているルールで社会的に問題のないもの（具体的な記述をして誤解やご迷惑をお掛けしたくないので控えますが）を列挙し、意識的にルールに関係なく自分の五感と地頭を駆使して状況対応をしてみてください。自分自身の潜在力に思わず感動しますから。

**二つ目はソーシャル・ブロックです。**

要は常に他人の目を気にするという制約です。誰しもマナーは気になるものですが、ここでのソーシャル・ブロックとはマナーなどを指しているのではありません。周りの人間の（ソーシャルな）意見や感情に自分の言動が左右されていくという、**アイデンティ**

**ティ喪失のブロック**を意味します。**プレッシャーという呼び方をする場合もあります。**

ここでこんな反対意見を言うべきではないのではないか、ふつうならばここで皆と同じ言動を選択するべきではないか、というような考え方や姿勢は、明らかに外からの、他人の目による影響を受けています。

ソーシャル・ブロックが働いてしまうと、自分の判断や意見を曲げてまで、他人たちがつくる空気を読んでしまうのです。本来、主体的に自己の発想や考えや意志に従って意見表明し、行動するべきであるところでも、自分を押し殺してしまうのです。

心当たりがあるあなた。**空気を読む暇とエネルギーがあるのでしたら、まず主体性を持って考え行動することにエネルギーを注ぎましょう。**それが着眼力をつける最初のほんの小さな、しかしながら絶対必要な一歩になります。

ソーシャル・ブロックを外す練習は簡単です。ふつうに疑問や反対の考えが内側から湧き出してきたら、そのまま流れに沿って「すみませんが、自分の意見を言わせてください」と枕詞で断り、自然体で意見を述べてみてください。

どうしても意見が言えないという方は、最初のうちは質問をする、というのがいいでしょう。疑問に思うこと、反対の考えがあるものについて疑問形で相手に尋ねる、という練習です。さあ今日から試してみましょう。

**最後がなかなか厄介なセルフ・ブロックです。自分の中にいるもう一人の自分との闘いです。**

おそらく人は誰しも、長い人生の中で、本当の自分探しを続ける旅を体験しています。本当の自分、本来の自分、真の価値を持つ自分とは何かを、問い続けるのだと思います。当然その問い続ける自分自身に対して、客観的に評価するもう一人の自分が存在することになります。独り言はその証左です。

このもう一人の自分があるべき自分を導くこともありますが、反対に制御することもあります。現代人はどちらかというと制御するタイプのもう一人の自分を内部に抱えてしまっているのではないでしょうか。これがセルフ・ブロックとなります。

**どうせダメだろう、やってもしかたがないだろう、なんて内なる声をよく聞く人は、どうやらセルフ・ブロックの虜《とりこ》、というか奴隷になっている**のです。

セルフ・ブロックの外し方ですが、多重人格にならない程度に、もう一人の内なる自分を意識的に演じてみるのがいいでしょう。**何でも肯定する、常に楽観的で積極的姿勢の、自分を応援するもう一人の頼りになる自分を、意識してつくりあげる**のです。

これら三つのブロックはどれもメンタル・ブロックとして、物理的には外から止める力を持っていないにもかかわらず、その人の言動を内側の精神面から止めてしまう強力な抑止力を持っています。

古代中国の諺《ことわざ》のごとく、「人を動かすのは足ではなく心」です。一歩踏み出すのは自身の心の為せる業であることをもう一度思い出してください。

今日からでも、何歳からでも遅くはありません。

まずは、

**①三つのブロックが存在することを明確に認識する**
**②そのブロックが働く瞬間を自覚する**
**③試しにそのブロックを外してみる、忘れてみる、逆らってみる**

SOCIAL BLOCK
SELF BLOCK
RULE BLOCK

というように、ご紹介したちょっとした勇気を持つ行動訓練から始めてみましょう。

身近な生活で例を挙げれば、今まで話しかけることができなかった人に話しかけられる、発言できなかった場で意見が述べられる、入ることができなかったお店や場所に入ることができる、試すことができなかった楽器やスポーツをやり始めることができる、途中であきらめることが多かった仕事やスポーツを楽しく貫徹できる、ダイエットができる、タバコがやめられるなど、いろんなことができるようになること請け合いです。

そして、これが最も自分の人生や生活にインパクトを与えてくれるのですが——

**今までとは違った視点でものごとを見ることができるようになります。**

**ひいては、視点の変化、視線の高度化や強化、視野の拡大化がたやすくできるようになるのです。**

## 着眼力訓練法③
# 議論・放談・雑談・与太話を楽しむべし

好むと好まざるとにかかわらず、私たち人間は必ずいずれかのコミュニティ（組織）の一員として生きています。集団化することが人間の種としての智慧だからです。アリストテレスが二四〇〇年前に、人間は社会的動物であると喝破したのは正しく、人間誰しも直感的に分かる真実です。

現代では、集合知と呼ばれるウィキペディア的・SNS的なウェブ・コミュニティのコミュニケーションが日常化しています。集合知は知識を積み重ねていくだけのように見えますが、積み重ねの中で積み方の違う書き手（意見表明者）が加わることをきっかけとして、関わる皆に新たな気づきと転換点を与えます。

そういう意味でやはり、**即時即興的なアナログの集合知の構築の場、つまり議論・放談・侃々諤々の場という物理的な議論の場**は、ウェブが発達した現代でもその価値を失ってはいません。

ホンダの文化である「ワイガヤ」は好例です。ウェブ上の話し合いを否定するわけではなくアナログが恋しいからでもなく、やはり人間同士は、物理的な接触感や空間の共有感で集い、自由に話し合うのが最も楽しめるし、事実、成果を生み出せるのです。

集っての話し合いは、アジェンダを掲げての左脳的で構成的な議論もありますが、**面白い着眼に至るための議論は構成的でないほうがいい**ようです。

構成的とはきっちりした議題と予定調和の結論があったり、主導専制的な議長がいて話し合いを仕切ったりしてしまうことを指します。構成的ではない、非構成的な議論とは、**始まる時間も終わる時間もあいまいで、各自が好き勝手に話題を提供し、各自のペースで放談できるような緩い議論**というイメージです。これが新たな切り口や着眼を生み出すのに効果的なのです。

**仕事の合間にする何気ない雑談が本質的な仕事の価値をひねり出したりする**ことに気づいたことはありませんか。会社の廊下でたまたますれ違ったときの立ち話が、ずっと悩んでいるビジネス上の問題の解決のきっかけとなることはままあるものです。

# 第二章 未来を動かす着眼力を鍛えましょう
### 身近な工夫から思い切った挑戦までいろいろあります

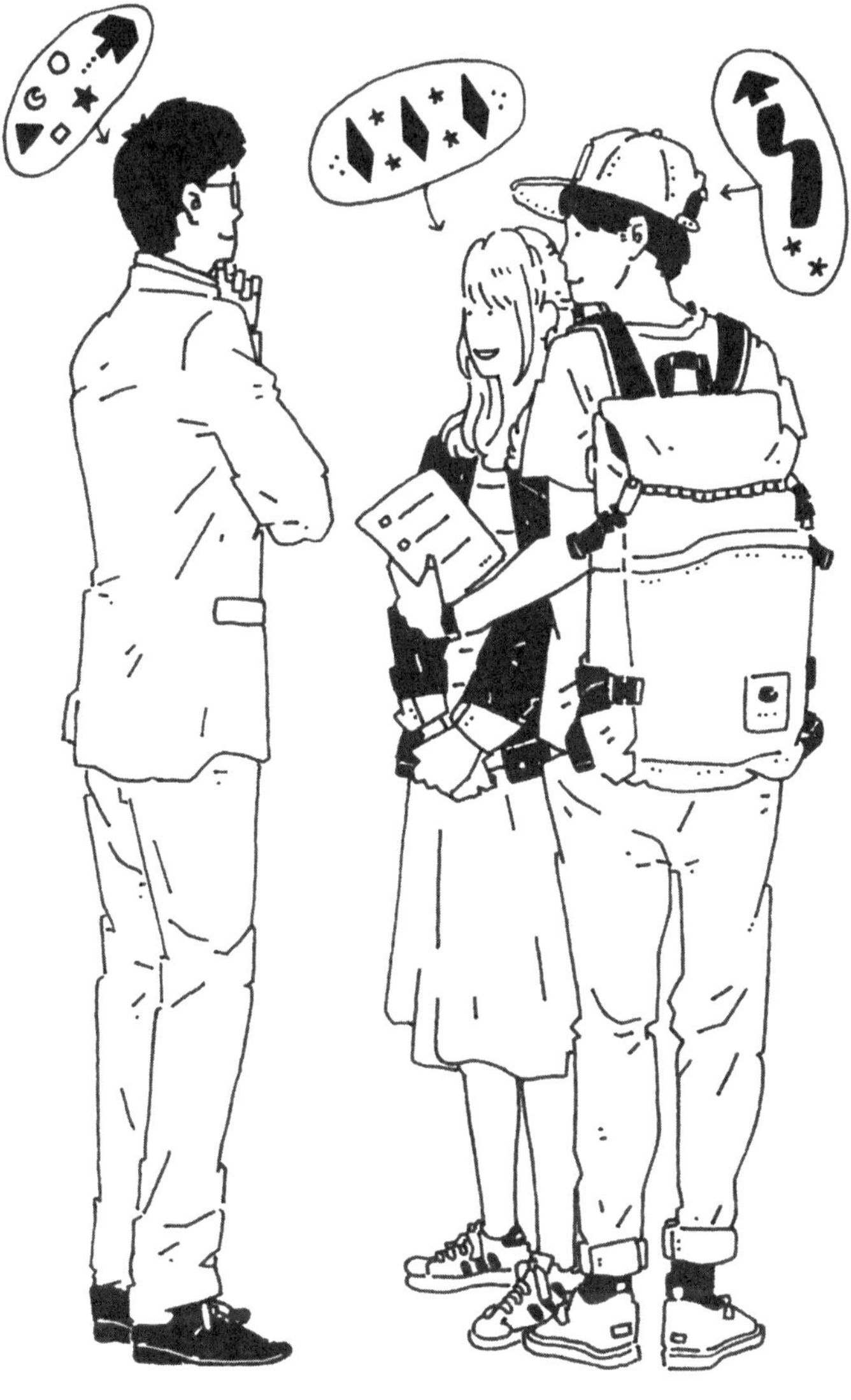

**人間は一人では新しい気づきを得ることがそもそも苦手**なのです。一人よりも二人、二人よりも三人。毛利家の家訓のように、三人寄れば文殊の知恵が生まれます。

米国式ではブレーンストーミングがこれに当たります。ブレーンストーミングのご経験があればどんなものかは想像できるかと思いますが、うまく成果を出すためにはひと工夫が必要です。**参集者全員で大いに盛り上がりながら、それぞれにひねりを何回か入れてもらえるようにする**のがいいのです。

ひねりをうまく入れてもらうためには、**ブレーンストーミングをするときの参集メンバーにこだわらなければなりません。**

参集メンバーが生まれも育ちもばらばらで多様だと出てくるアイデアも多様になり、他の人のアイデアに刺激された発散アイデアが出てくる傾向が強まります。ここでのひとひねり、さらにひねりのひねりが入るとアイデアを拡散し、想定していなかったとんでもないところへ議論を連れて行ってくれるのです。

**てんでバラバラな三人寄ればスーパー文殊の知恵**ということになります。

今度ブレーンストーミングのメンバーに入られるときは、ぜひ、ひねり、いわば「転」シナリオ・プランニングという技に挑戦されることをお勧めします。

小学生時代から鍛えられた（といっても年配の方のみかもしれませんが）作文の組み立て方法を思い出してください。起承転結の文脈づくりです。正直、習った頃は「転」の意味がよく分かりませんでした。なんでわざわざ「起承」したものを転じる必要があるのだろうかと。しかし、慣れてくるとこの「転」が面白くなってきます。

この**転じ方の思い切りが勝負**なのです。

みんなが集まって話し合いをしていると、話をひっくり返すのが好きな人がいるものです。ひとつの方向に話が盛り上がっているのに、あまのじゃくに別の話題を提供する、**まとまりつつある方向の議論に最後に反対意見を述べる、このひっくり返しが議論参加者に目覚めを与える**ことがあるのです。こういう人（で、かつ性格がいい人）が議論やブレーンストーミングの場にいると助かります。

反対や逆転だけだとアイデアが拡散しすぎて散らかりすぎるのが嫌でしたら、最後に古今東西で有名なヘーゲルの弁証法の組み立てをご紹介しておきましょう。

最初にテーゼがあります。つまりある解決策の方向です。このテーゼに対する反対のテーゼ、つまりアンチテーゼを出して引っくり返します。

ここで終わらずに思い悩み、第三のテーゼ、つまりどちらも否定しないジンテーゼを生み出すという組み立てです。この組み立ての到達過程をアウフヘーベン、止揚と呼びます。**ヘーゲルの弁証法ではこうして二項の対立構造で終わらず、今までに思いつかなかった着眼である第三の解が導かれる**のです。

頭のめちゃくちゃ切れる人は自分自身の中でこの技をやってのけるのですが、そう簡単にできるものではありません。他人がいて、その他者が反対意見を述べてくれれば、第三の道への挑戦心が湧いてきます。さらに別の他者が客観的に参画すれば、第三の道への模索努力が共有化されることになります。

**この世のすべては対立するのではなく、アウフヘーベンすることによって転生進化**します。自分とは別世界に住む、自分とはまったく違う発想やフレームワークを持つ変わった友人をたくさん持つべきですね。

**似た者同士で群れていては、退化の道を歩むのみです。**

着眼力訓練法④

# 大きな疑いと大仮説を持て

「大疑は大進すべし。小疑は小進すべし。疑わざれば進まず」

これは朱子学の朱熹《しゅき》の言葉です。大きな疑問を持つことが大きな前進を生むという意です。小さな疑いは少しの前進を生み、疑わないで生きている限り何の進歩もありません。

では、なぜ疑いを持てないのでしょうか。

私たちは慣性的に安んじて生きています。世の中の常識に埋没して生きているのです。世の中の常識という先入観や思い込みを持つことに特に何の疑問も持ちません。ものごとを疑わないで生きていても何の問題もなく、むしろ快適でいられるからです。

お邪魔虫で申し訳ありませんが、あえてここでは別のより楽しい生き方を提案させてください。楽しみながらあらゆることをまず疑ってみましょう。ふつうの**先入観や思い込みを一度捨ててみて、世の中の大きな常識に大きな疑いを持ってみましょう。**

大きな疑いを持ったときに、そこに何が見えてくるでしょうか。なかなか常識が捨てられないときは、**一時的に忘れてみる、放り投げてみる、目をつむってみる**という感じでもかまいません。ゲームをするときのように楽しむ気持ちが大切です。

どのように大きな疑いを持てばいいのかお教えしましょう。

手始めに簡単な方法は、**SF作家のように振る舞うこと**です。SF作家のように未来人になりすましてみましょう。難しいと思われるかもしれませんが、とりあえず**とぼけた嘘つきになればいい**のです。今の世の大きな常識に大きな疑いを持てば、ふつうに嘘つきになれます。

SF作家も未来人も大きな嘘をつきます。嘘と言えば悪いことをしているように思われるかもしれませんが、創作活動とは嘘をそれらしく創ることです。いかにうまく嘘の話を創ることができるかの能力が求められるのです。

**大きな嘘は、大科学の世界では優れた仮説と呼ばれる**ことがあります。「STAP細胞はあります」、これはどうやら嘘だったようですが、STAP細胞は実は他の方法で簡単につくることができるようになるかもしれません。大きな嘘が大きな仮説につながることは科学の世界にはよくあることです。

古代ギリシアのデモクリトス曰く、「万物の根源は原子という不可分の物質である」。当時はこの大仮説は確かめられるはずもなく、大ボラでしかなかったのです。しかし、現代はこの方向で検証が限りなく進んでいます。

現代のビジネス界には、ジョブズやゲイツという大嘘つきの未来人がいます。ジョブズは一足先にあの世の宇宙に旅立ちました。ゲイツは残念ながら最近では、地球上で常識的な現代人になりつつあります。

**未来人は現世の常識には惑わされません。未来の常識で、ブレークスルーします。未来人の着眼は現代の世の中の当たり前をコロっと変えるのです。**

現代人の私たちは過去に生きた未来人の大きな嘘のおかげで、新しい現代の常識を身につけることができました。初期段階ではいかがわしく近寄りがたい、後の世になってイノベーションだったことが分かるモノやコトを日常の生活の中にとり込んでいるということです。

モバイル端末を歩きながら使っている人たちは、今やふつうの世の中の光景です。歩きタバコが禁止されたように、歩きスマホは条例で完全禁止になる日も近いでしょう。その頃には次のイノベーションが日常化していて、みんな歩きながら別の動作をしているとは思いますが。

世界的に流行ったディズニー作品『アナと雪の女王』とあまり流行らなかった同年封切りの『マレフィセント』には驚きました。ディズニー作品を時系列的にウォッチしている者として、この二作品に違和感を持ったのです。未来への積極的な違和感です。テーマの立て方にディズニーの常識への挑戦を見ました。感動価値のあくなき探究をするディズニー自身が持った大きな疑いでしょうね。

皆さんもお気づきかと思いますので、ここでは自己流解説は控えさせていただきます。着眼すべきは女性の存在感と愛の有り様です。この二作品に感動した世界中の女の子たちは、十年から二十年後の未来での職業選択や消費生活において、本質的変容をすることになると予言しておきます。まだの方は、ぜひご鑑賞のうえ仮説をお立てください。

米国資本主義社会の力の源になる若者たちの生き方を変えたのは、エルヴィス・プレスリーの腰の動かし方でした。当時の米国社会のPTAからは、猛烈な批判を浴びましたが。石原慎太郎が火をつけた太陽族の出現も、社会からも文壇からも猛烈な批判を浴びました。堅牢な文壇にあって風潮に流されず石原の作品を高く評価したのは、もはやとっくに宇宙人になった三島由紀夫でした。

プレスリーも太陽族も、既存の世の中の常識や固定観念に対する大疑惑や大反抗、つまり今となっては革新、イノベーションと目される史実です。

**同時代の多くの人が眉をひそめる反抗的な態度や行動は、異国の地、未来空間からきた証**なのです。時代を拓く慧眼です。

鬼畜米英と叫んでいた大人たちが、敗戦後、突如として米英を見習おうと豹変すれば、真っ白な若者たちは大人と常識に大不信になるのは当然です。そして選んだのが米英風俗の極みである自由の謳歌、太陽族だったのです。

自分の周りの人たちがすべて順々に犀（動物のサイです。あのゴツゴツした風体の）になる不思議な戯曲、その題名も『犀』という、まるでSFのような作品があります。私が生まれた年（秘密です）に初演されたことを考えると当時としてはかなりイッてしまっている前衛的な戯曲で、作者は無名の変人ウジェーヌ・イオネスコでした。

イオネスコは『禿の女歌手』という題名だけ聞いても変人さが表出している作品も残しています。ルーマニア生まれのフランスで活動した作家ですから、日本ではほとんど知られていないでしょう。

『犀』では、ある田舎町が犀の大群で蹂躙《じゅうりん》されるという不思議な話が展開され、主人公のベランジェという校正係の会社員だけが最後まで犀にならずに人間で残ります。演劇を見たことがない（おそらく日本ではここ二十年は演じられたことがないのではないでしょうか）ので、演劇のシナリオからあらすじを少しピックアップしましょう。

会社経営者のブッフ夫人が犀に追われていると消防署に緊急避難をして駆け込んできます。そして、「犀が建物に突入して一階で暴れているので、助けてくれ」と頼みます。消防署では、町のあちこちで犀事件が勃発しているらしく、消防士は皆忙しくてんてこ舞いのようです。

ブッフ夫人は追いかけてきた犀は自分の夫だったと証言します。親友のジャンも目の前で犀になっていきます。ベランジェが「結局のところ君も犀になりたいのか？」とジャンに聞くと、「なぜいけないのか？」とジャンは返しつつ、額のコブから角を突き出し、皮膚を硬化させていきます。

ベランジェの彼女のディジーもだんだんとおかしくなっていきます。ボタールが犀になったこと、論理学者も犀になったこと、いろいろ話や議論をしていると、ディジーはだんだんと頭が痛くなってきます。ついには「あなたとはもう一緒に生活できない」とベランジェを突き放して犀化するべく出ていきます。

この田舎町でおそらくは最後の一人の人間であるベランジェは独白します。「ぼくは犀のようには吠えられない、たくましさがない、残念だ……ぼくはどうしても犀になれない……ぼくは最後まで人間でいる、負けないぞ、絶対に」と。

イオネスコは何を言いたかったのでしょう。犀化するということはどういう意味でしょうか。

コミュニティの全構成員が犀化に向かっていく情景は異様に思えますが、これは人間が個性や志を失って大衆の中に埋没していくという社会の有り様を示しているのではないでしょうか。大衆の中に埋没するためには犀のように脳を小さくして鈍重で丈夫な鎧のような体に変わらないと生きづらいのではないかと思われます。

イオネスコの感性はまさに変人偉才、未来人ですね。

消極的なベランジェが積極的に生き抜く人間へ転換するこの戯曲。まさにベランジェは、この田舎町で未来に向かって人間力を断固守り抜くために、一人で存在することを決意します。

すべての周りの人間が犀化する中で本当の人間でい続けることは、犀のコミュニティがコンセンサスとして共有する常識を決して受け入れないという決意です。

**盲目的に従っている常識は人間を犀化させる**ということを覚えておいてください。

そして、**世の常識に大いなる疑いを持つことが犀化から逃れる道である**ことを。

さて、あなたは大丈夫でしょうか。犀化していませんか。常識に同化していませんか。

着眼力訓練法⑤

# フラストレーションと変身願望を活用せよ

次にご紹介する着眼力の源泉は意外なところにあります。それは、自身の体験の中でのイラつきやムカつき、英単語にするとフラストレーション（frustration）です。これが思わぬ着眼に結びつき宝物に化けるのです。新たな着眼を生むきっかけになるとしたら、ムカつくのもたまにはいいかと思えますよ。

ジョブズの指で操るスマホは、ボタンやスタイラスペンに対する彼のイラつきから生まれました。おもてなし事業の成功事例でよく紹介される米国の巨大ＬＣＣのサウスウェスト航空も、創業者の弁護士であるケレハーやその仲間の、既存の航空会社のサービスに対するフラストレーションから生み出されたベンチャーです。

ヴァージン・アトランティック航空のリチャード・ブランソンも、激安航空会社ライアンエアーのトニー・ライアンやマイケル・オライリーと同様、自分のフラストレーションを原点としてアタッカーの航空ベンチャーを生み出しました。
サウスウェストをはじめ航空業界には、顧客の一人として感じたフラストレーションからベンチャー事業を起こして成功した事例が多いのは面白いですね。

顧客として感じたフラストレーションを、提供企業に対して言葉と態度に訳してぶつければ単なるクレーマーになります。その企業から謝罪を受けることで自己満足的には問題解決になるかもしれませんが、何も新たな価値は生み出しません。たいていはクレームを入れると、さらに提供企業の態度に不満を感じて、さらに激しいモンスター・クレーマーに化けるという悪循環に陥るのがオチでしょう。

フラストレーションをクレームとして爆発させているだけでは決して偉大なるベンチャー、革新的なプロダクトや事業、ビジネスモデルを生み出すことはできません。そこで、この**顧客として感じたフラストレーションを、自らの「アントレプレナーシップ」に掛け合わせる**ことをお勧めします。

アントレプレナーシップは「起業家精神」と一般に訳されますが、「挑戦的進取の気性」という解釈がいいかと思います。虎視眈々と、何か新しいことをしたくてしかたがないという構えです。

日常的にふと感じたフラストレーションをアントレプレナーシップと結びつける、掛け合わせる、そのふたつをぶつけてみるのです。そこに、誰もが成し遂げられなかったイノベーションが生まれるチャンスがあります。モンスター・クレーマーがアントレプレナーに完全変態（芋虫が蝶になる）を実現するとは、愉快ではありませんか。

健全なイラつき、ムカつきと向き合い、受け止め、その怒りを大事にすることが新しいことにアタックするときのパワーを生むのです。

試しに今日から、日頃から気づいている自分のフラストレーションの対象や原因を、メモ帳に列挙してみましょう。冷静に書いてみると分かるのは、フラストレーションを感じたそのときはただ不快や憤りに身を任せるだけの自分がいて、自分ならどうする、どう変える、いかに工夫する、代わりに何をする、ということにまで思いは至らず、頭も働いていないということです。客観的に、冷静に、列挙したフラストレーション・リストを眺めていよいよ深く悩み始めると、三上やマントラのタイミングなどでふと、素晴らしい解決策や代替策を思いつくことになるのです。

フラストレーションをきっかけに何とかしようと、どうぞ深く悩み続けてください。

私はもともとベンチャーにチャレンジする側でしたが、資金調達の困難さなどのフラストレーションにさいなまれ、あるときふとベンチャーを支援する側（ベンチャー・キャピタリストという職業）に転換する決意をしました。自身の中ではコペルニクス的転回です。

読者の中には、そんなフラストレーションなんかを感じたことがない、と言われる育ちのいい御仁もおられるかもしれません。せっかくなので代替の方法をご紹介しましょう。**イラつきムカつきのフラストレーションの代わりになる着眼力の源泉が、秘めたる変身願望**です。変身願望は昔から私たち人間という種の生物体の中に確かにあるものです。一度は変身してみたいが、簡単に変身できるわけでもなく、鬱屈している変身願望が私たちにはうごめいているものです。

変身願望も実は、自分が認識する現在の自画像に対するフラストレーションからくるものと言っていいでしょうから、フラストレーションを利用するという意味では同じですね。そこにアントレプレナーシップのスピリッツを掛け合わせると、セーラームーンや巨大な毒虫（カフカですね）になったりして、オタク文化や文芸作品を生み出すパワーになるのです。

第二章 未来を動かす着眼力を鍛えましょう
身近な工夫から思い切った挑戦までいろいろあります

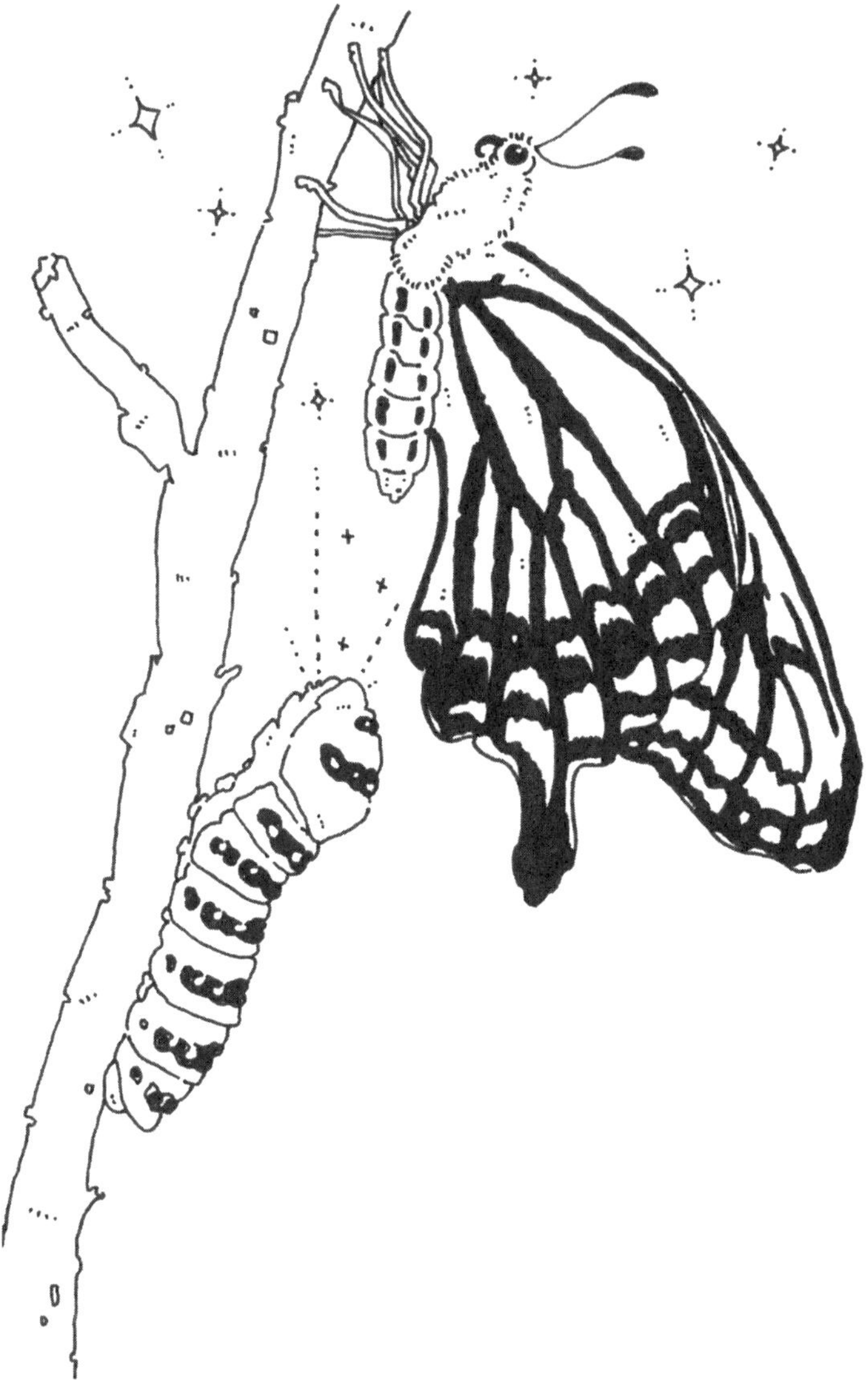

古くはギリシア神話の時代から、人間界にはおびただしい数の変身物語があります。ローマの詩人オウィディウスの、その名もズバリ『変身物語』には、誰が数えたか二百五十編もの変身モノが集められています。ラテン語ではメタモルポーセスですね。

日本の近代の文芸作品でも泉鏡花の『高野聖』に登場する魔的美女は、助平な男どもを聖邪両面性のある妖力で馬や牛や蛇などに変えてしまいます。中島敦の『山月記』では男が人喰い虎に大変身します。

かなり脱線しましたが、私自身の経験であるベンチャーをする側からベンチャーを支援する側への変身は、振り返ってみると潜在的な内的変身願望がそうさせたのかもしれません。皆さんも内なる声に耳を傾けて、どんな変身願望を潜ませているのか、その変身願望が何を示唆しているのか、フロイトの夢判断がごとく、想像力を働かせてみてください。

大変身の秘めたるパワーを起業家精神に吹き込んで、大変身ではなく大変態、それに伴う大着眼をしようではありませんか。

## 着眼力訓練法⑥ フュージョンせよ

お次は、何でもとりあえず気合いを込めて思い切り混ぜてフュージョン、融合を実現させてみることをお勧めするものです。

大学で提出させている学生のレポートは真っ二つに分かれます。

ひとつはあきれたもの。ウェブで検索した文章の切り貼りごった煮です。年配の方の若き時代も、図書館で調べた書籍の抜き書きをつなげるのが常套手段でしたでしょうが、どこからどこまでが抜書きなのかははっきりさせたものです。ウェブ検索での単なる切り貼りはすべてがコピペなので、文体の違うでこぼこ文章となります。なかにはですます調とである調が混ざっているという厚顔無恥なものまであります。

もうひとつは、ちょっと面白いフュージョンもの。自己体験と文献やウェブ検索を融合させたレポートです。このタイプのレポートには、時折はっと気づきをもたらしてくれるものがあり、これが書ける学生には将来の可能性を感じます。仮に文章が拙(つたな)くても新しいものを感じさせてくれるのです。

企業戦略の展開の考え方の中に、「シナジー戦略」というイノベーションを目指す方法論があります。**シナジーはふたつ以上の要素の融合、掛け合わせによる乗数効果、つまり単なる足し算ではなく、組み合わせによる掛け算での相乗効果的アウトプットの実現を目指します。**

このアウトプット、つまり結果は、もともとの要素からは想像もできないもの、期待以上のモノやコトが生まれてくるというイメージです。出現した結果を見て、もともとどういうことからこれが生まれたのかが容易には想像できないのがシナジー戦略のすごさということになります。

世の中で事例にされているシナジー戦略は足し算が多く、容易に元の要素を因果関係的に特定できるものが多いように思います。これでは革新的なものは生まれません。つまり、結果が融合していない、**ただ足し合わされているだけの状態では相加的ですが相乗的ではありません。**合わさっているだけなので、元の要素に分離分解が可能です。

戦略系のコンサルタントの分析手法では、事象を何でも要素に分けて解こうとしますが、いかに賢いコンサルタントをもってしても、真にシナジーで実現したモノやコトを要素にはうまく還元できないのです。それらしく分解しては見せますが、真に迫ったものではありません。

そんなことはない、融合した合金だって分子構造や化学式で分解できるではないかという科学的知見からのご批判をいただきそうです。科学としては確かに要素分解できるでしょうが、そのアウトプットの現象やものごとが、もともとの掛け合わせた個別要素から想像されるものをはるかに超えることを目指すのが、シナジーです。

**真のシナジーはイノベーションを実現します。真の融合が新世界をつくる**のです。

最近あちこちの会社でその必要性が叫ばれているダイバーシティ（多様性）は、まさに旧態依然の構造を打破するためのフュージョン、融合からイノベーションを期待した取り組みです。ダイバーシティは会社組織の新しいあり方や組織視点を導きます。

組み合わされる要素の間で、どちらかが勝つかという発想でいてはダメです。単に混ざるだけのカクテルやごった煮でもダメ。融合したことで従来の枠組みを打破する新たな変化が起きることが期待成果です。ダイバーシティが実現するのは、会社の組織文化や社員の行動スタイルの根本的な変容なのです。

話は飛びますが、銅に微量の他の金属の元素を掛け合わせると黄金色に輝きます。日本の古代の謎のひとつである大きな銅鐸は、権力者の床の間（のような所在の空間）に飾る目的でつくられたようです。

大きな黄金の銅鐸というのは、権威の象徴としてそれを誇示するために生まれたのではないかと推定されます。

当時としては、この合金は錬金術をほうふつさせるブレークスルーだったのでしょう。これを発見した鍛冶師は権力者に重宝がられたに違いありません。

銅鐸はタコツボの日本に存在した歴史物語ですが、人類の歴史で、混ぜて融合したブレークスルーのイノベーションの代表例といえば、ダントツにお酒でしょう。革命的な着眼です。果物のブドウがお酒に変わるなんて、まさに天の恵みの奇跡です。

ローマ神話にはお酒の神様バッカスが登場しますが、これはギリシア神話のディオニュソスから引き継いだ異名です。神話で引き継がれていくほど長きにわたって最も愛された神様だと思います。十七世紀のイタリアの画家であるグイド・レーニはなぜか赤ちゃん時代のバッカスを描いていますが、赤ちゃんなのにワインをがぶがぶ飲んでいますから微笑ましくも大胆な行動力に驚きます。レーニが天の恵みのワインをがぶ飲みしながら描いたからでしょう。

**ブドウからお酒、ワインができるのがブレークスルー、飛躍なのです。ブドウからブドウジュースでは、想像できる範囲の変化でしかありません。**

またブドウジュースとオレンジジュースを混ぜてもフルーツジュースになるだけ。南国フルーツのマンゴージュースと北国フルーツのリンゴジュースを混ぜてみたところでイノベーションとは呼べません。

イノベーションと呼ぶには、混ぜるだけではなく、融合して違うものに変化する、驚くべき価値に変わる、ということを実現させる必要があるのです。

世界の文化文明の歴史でも、同じく融合がもたらすブレークスルーが証明されています。ヘレニズム文化は古代オリエント文化とギリシア文化の融合です。それぞれの文化的要素が単に組み合わさったのではなく、融合して別の文化様式を生み出しました。文化文明の新たな着眼を生み出したのです。

シルクロードはローマの文化産物と中国の文化産物の交易と融合を促進し、別々の進化をたどる文化芸術様式を生み出しました。

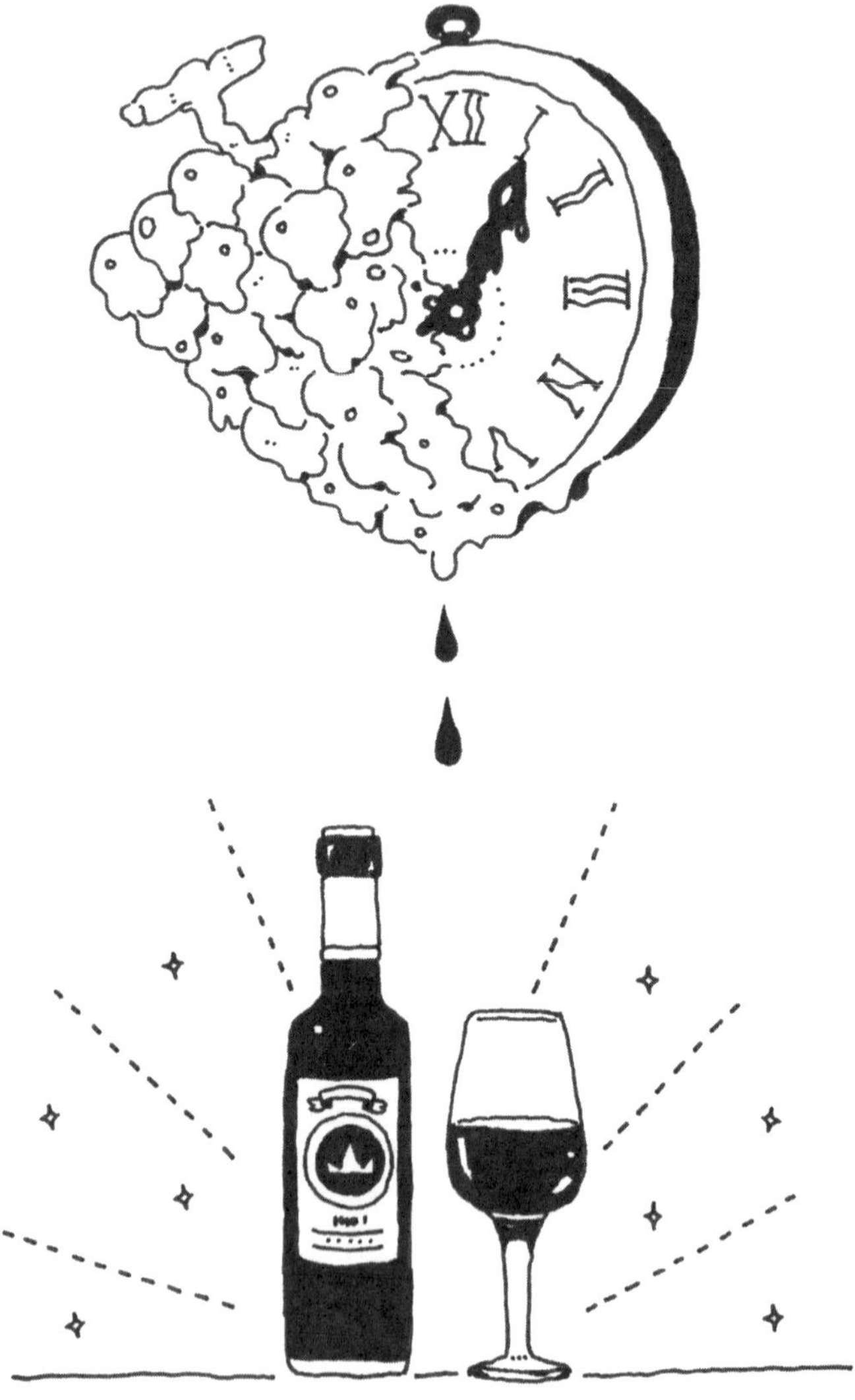

政治体制も同じく融合あっての変革となります。

征服者がいて被征服者がいるという足し算の構造では、積み木のような体制が組みあがるだけで何も新しいものは生まれません。被征服者が征服者の中に混ざり、人材や思想などが融合すると革新的な政治体制が生まれます。いわゆる革命です。

静かなる革命も流血を伴う革命もありますが、革命後はまったく別の体制ができあがるのです。幕末維新も江戸時代の被征服者による政治体制の刷新でした。

さまざまな事例から異質な取り合わせでフュージョンしてみる、想像を超えるシナジーの発現を期待してみる、ということの面白さにお気づきいただけたかと思います。そういえば、と思い当たられることもあるかもしれません（誰ですか、トンビが鷹を生んだってのは）。

練習のやり方は簡単。混ぜてみて何が起こるかだいたい想像がつくモノやコトの組み合わせは意識的にやめる、そして、目をつむってやるぐらいのつもりで、想定していないランダムな取り合わせをフュージョンしてみるのです。

かなり失敗の回数は多くなるでしょうが、だからこそ想像もしないイノベーションが起こり得るのです。誰も想定しないフュージョンから想像を絶するイノベーションが生まれるなんて、実に楽しいではありませんか。

次章の未来物語につなぐ遠吠えですが、百億人を抱えることになる未来の地球にあって、人類がそれでも種を繁栄させたいのならば、地政学リスクを消滅させることが必須です。長年こじれているキリスト教圏とイスラム教圏が混ざる地域や機会に、フュージョン、真の融合が起きなければなりません。それぞれが混ざりながらも独立して暮らすのではなく、融合して混沌と暮らすのです。

キリスト＋イスラムでキリラム教（くだらない造語ですみません）ヒューマニズム教のような未来宗教文明が勃興することを切に願っているのは私だけでしょうか。

人類が地球上で生き残るためには、寛容、トレランスこそが最大の叡智だと思います。寛容こそがフュージョンを実現する根本の思想です。これが人類の歴史に新たな視点とイノベーションをもたらすものと確信しています。

## 着眼力訓練法⑦
# パラノイアやメガロマニアを仲間に入れろ

次に、自分の中か周りで、パラノイアやメガロマニアの本能的力を持つ人を見出して、仲間にすることをお勧めしたいと思います。

パラノイアとは英語表記でParanoia、偏執狂で妄想的、メガロマニア（Megalomania）もパラノイアの一種で誇大妄想癖。いずれも症状の軽い体系的な妄想をする精神病になるかと思います。

自身が意欲的にパラノイアやメガロマニアになることはなかなか難しいものです。本書を冷静に読み進めているあなたが突然それらになるのは考えにくいと思いますが、ここではまず、あえて自分の中にそれらの片鱗を探してみることから始めてみましょう。

自分の中にちょっとパラノイア的、メガロマニア的なところはありませんか。

たとえば勝負事ではいつもゲンを担ぐとか、第一印象で信じたことを変えられない、思い込みが激しいところがあるとか、ガスの元栓を閉めたかどうか気になりすぎたり、財布の置き場所がいつも気になって何度も何度も確認してしまう、ある種の強迫観念にとらわれたりするなど。

また、尊敬する人の話を聞いて自分もそうなれると勝手に思い込んだり、公認会計士の資格を持っている人が稼いでいるのを目の当たりにして、数字に弱い自分にもなれるとなぜか思い込んだり、将来自分は独立して絶対成功していると確信している万年サラリーマンであったり、自分の前途に根拠なき自信や、確証なき明るい予感を持っているなど、です（これらの人々は実際私の周りにもいます）。

何かしら心当たりのあるところはありましたでしょうか。

変なところなので、ふつうなら人には隠したい、できればなくしてしまいたいと思いがちですが、他人と違うその異常さを自覚し、良き方向に伸ばすのです。自分の中にあるそういう異常な自分と向き合って内的にぶつかり合ってみればいいのです。そう、葛藤です。

**内的に葛藤があるからこそ人は進化します。**自分の中に違う自分があるからこそものごとを複眼的に見られるようになるのです。そういうあなたはすでに着眼力を潜在的に持っているということですから、安心して変なところを大事にしてください。

一方自分にはあまりそんな変なところはない（ほとんどの人がこちらになるでしょうが）と思われる方は、周りを見渡してみましょう。過去から現在までの極力多くの知己たちを見渡してみましょう。どうでしょうか。一人や二人は変な奴が思い当たるものです（犯罪的異常さは除外しますのでご注意ください）。

**健常なパラノイア系とは、めちゃくちゃ夢中になれる人です。**

たとえば、趣味が高じてすさまじいコレクターである、ある人（たとえば芸能人とか）について異常なほどの知識や執着を持つ健全なストーカーである、アニメにどっぷりはまっている、というような人たちです。

**健常なメガロマニア系の人はデカい夢を熱く語る人です。**

そして、異常なほどの楽天家でもあります。たとえば、現実と混同するぐらいSFが好きとか、宇宙旅行ができると真剣に思い込んでいる、未来が予言できると信じている、というような人たちです。

こういう人たちはそうであるがゆえに、観察力や洞察力や説得力が尋常ではないレベルにまで突き抜けていることが多いのです。

こういう人たちのことを書いていますと、『ドン・キホーテ』を思い浮かべてしまいます。サンチョ・パンサとのでこぼこコンビによる、近代小説の先駆けです。古典の騎士道物語を読み過ぎた騎士道狂信のパラノイアであり、でっちあげのメガロマニアでもあるドン・キホーテ。徹頭徹尾誇大妄想しながら騎士道に邁進する主人公ドン・キホーテは、喜劇的な存在ですが、読む人それぞれに不思議な感動を与える魅力的な人物です。

あるときは、風車を巨人に見立てて七転八倒格闘した挙げ句、勝てないと見るや、「先ごろわしの書斎と書物を盗んでいったフレストンめが、妖術を使って巨人をただの風車に変えて、鬼退治の誉れをわしから奪い取ったのだ」と、勝手気ままな筋の通った大嘘を大いなる自信で断言するのです。このすさまじいひらめき、着眼にはお供のサンチョ・パンサもひれ伏すしかありません。

一流の誇大妄想癖者は、すべての失敗や障壁を話が矛盾しない夢とビジョンの美しき犠牲のストーリーに変えてしまう、ひねくれモノならではの偉大な着眼力を持っています。

ドン・キホーテ（右）と従うサンチョ・パンサ（左）

ひどい目に遭い続ける農民出の従士のサンチョ・パンサも、ドン・キホーテに対してご執心のプロのフォロワーシップを体現するパラノイアであるために、おかしくも存在感があります。

カミングアウトすれば、本著当事者の私は、他者から見ても自己診断をしても、間違いなくメガロマニア系異星人の端くれです。誇大妄想癖の傾向があります。

私と有難くも友人の関係にある方々には、おそらく私のこの誇大妄想癖を楽しんでいただけている のではないかと想像します（と思うのが誇大妄想かも)。

皆さんもぜひ、お近くのパラノイア系、メガロマニア系異星人を探してください。

**イノベーティブな仕事をしたいのなら、技術革新やビジネスモデル革命を夢想する誇大妄想癖の変人を見つけたい**ものです。友人になって大いにものごとの見方の刺激を受けましょう。技術革新の未来を信じ数えきれない失敗の繰り返しを乗り越えられるのは連中の得意技です。成功への過剰な確信を持ち続ける突き抜けたパワーと着眼力を身近に感じてください。

ところで訓練法③で、ワイガヤや、てんでバラバラな人間が集まってアウフヘーベンすれば面白い着眼が生まれる、と書きました。この仲間に、一人はぜひ、異星人、つまりパラノイア星人やメガロマニア星人を呼び込んでください。同じ発想や考え方の筋道を持っている人間を仲間にするのは心地よいかもしれませんが、ぶつかることがないので新しい発想は生まれません。既存の常識的な考え方を共有して満足することになりがちです。

**意見や考えがぶつかることで火花が散って、化学反応を起こします。**思い切り大きな火花にしたほうがいいので、とんでもない奴を仲間にしてしまったほうがいいのです。

とんでもない奴はふつうの人ができないと思っていることを、必ずできると思い込んでいます。執着しています。とんでもない奴は誰も想定していないことが必ず起きると信じ込んでいます。妄想しているのです。だからこそでかい火花が散るのです。

だいたい世界でとんでもない偉業をなしたチームは、異星人同士で構成され、すさまじく火花が散る関係にありました。アップルのスティーブ・ジョブズとスティーブ・ウォズニアック、ホンダの本田宗一郎と藤沢武夫、DNA分子構造の発見者であるジェームス・ワトソン、フランシス・クリックとモーリス・ウィルキンスなど。

彼らを見るにつけ、**偉業をなしたチームは互いに対極的で、違った意味で危ない異星人人格の組み合わせであることを感じます。**

ジェームス・ワトソンは信じがたい人種差別発言をして世間から抹殺され、生活の困窮から歴史上初めて存命中に受賞したノーベル賞のメダルを競売にかけるという、偉業ならぬ異業をやってのけました。ある意味さすがです。

ワイガヤ文化を後に引き継がせたホンダの創業者の本田宗一郎は相当なメガロマニアでパラノイアであったことを伝えるエピソードがあります。世界最高の自動車、最速の自動車を、自動車後進国の日本の、それも他ならぬ自分たちが必ず生み出せることを、何もない頃から信じて疑わなかったわけですから。社長でもないのに本田宗一郎の代表取締役社長の実印を持ち続けた藤沢武夫もふつうじゃないですね。

未知との遭遇を実現していない人には、極力早くパラノイア星人とメガロマニア星人とのファースト・コンタクトを実現されんことを願っております。

着眼力訓練法⑧

# 過去や歴史から、まねぶべし

数学者のロジャー・ペンローズの**「創造することと思い出すことは似ている」**という仮説を、脳科学者の茂木健一郎は著作で何度か紹介しています。

確かに、温故知新と創造に至る洞察と着眼は似ていると思います。

古き（故き）を温《たず》ねるためにはまず「まねぶ」ことから始めます。まねぶは、「学ぶ」の語源ですね。まねぶとは「まねる」に由来する言葉ですから、学ぶことは古典や先人を温《たず》ねて見習いの弟子入りをするということになります。

**あらゆる知恵や技術は、先人をまねて過去を学ぶことから伝承発展させることができます。**

この積み重ねが人類の社会的進化の原動力となります。新しきを知る、つまり革新する、イノベーションを実現するためには、まずは過去を思い出すことから始めましょうという叡智です。

新たな発明や発見、着眼や着想が、多くは過去の経験や事実からもたらされると考えると、古典や先人を温《たず》ねることの深い意義と予期せぬ楽しさ、期待感でワクワクしますね。

音楽好きの私がいつも感じるのは、マントラの鼻歌になってしまう流行りのポップスのメロディラインはどこかで、もしかすると前世で聞いたことがあるのではないか、ということです。現世ではだいたいが、ザ・ビートルズやサイモン&ガーファンクル、はたまたＡＢＢＡだったりします。

ビートルズは今や古典ですが、ポールもジョンも子どもの頃にヨーロッパのバロックをはじめとするクラシック音楽という古典を降り注ぐように聴いていたのです。ポップスの領域を革命的に開拓し創造した天才の彼らも、人類の音楽の過去を思い出したのですね。

かように文化・芸術・音楽などの世界で古典から革新を生み出すことは既知の公式となっています。

ランダムに多様な絵画を好む私としては、弟子入りできる才能はないものの、ゆっくり一度は話してみたかった画家に、レオナルド・ダ・ヴィンチ（画家とは言えない全能者ですが）、パブロ・ピカソ、フィンセント・ファン・ゴッホ、サルバドール・ダリ、エドヴァルド・ムンクなどがいます。みなさん、相当イッてしまっている天才たちですのでお相手願えなかったとは思いますが。

興味をかきたてられるのは、彼らが過去の芸術作品をどのように鑑賞し評価し、採り入れ、あるいは無視していたかです。そしてそれらを思い出しながら、自分の創作活動をいかに進化させようとしていたかです。

たとえばピカソは「明日描く絵が一番素晴らしい」という言葉を残しながら理解しがたい作風の断層的な変遷をしています。ふつうならば自分の作風に円熟味を加えていくものですが、ピカソは写実からキュビズムまで脈絡なく飛んでいきます。自分自身の過去からまるで完全に逃避するかのように、です。

勝手な想像では、ピカソはかなり繊細で臆病で他者からの影響をたやすく受ける気質であったのではないでしょうか。主体的に自分の世界を打ち出したかのように見える作品も過去と外からの影響の写し絵ではなかったのかと。

芸術家の中にも、過去の芸術家や作品に学び、自己の作風に採り入れ、自己の過去から学びつつ円熟させていく創作スタイルと、自己を翻訳や解釈の機能を持つ器として、過去と他者や環境から投影されるイメージをインスピレーションとし、時々の創作を変化させていくスタイルがあるように思います。

専門家ではないので、乱暴な理解をお許しください。

いずれにしろ、**過去の礎があって新しい世界は生み出されていく**のです。


日本の産業の発展と高度成長の歴史は欧米のマネから生まれたことに間違いありません。

しかしながら我が国の自動車や家電、そしてコンビニエンスストア業態も、欧米とは似て非なる独自性のある差別的優位性を実現することに成功しました。クールジャパンな、極東アジア島国のガラパゴス的な、見たことも聞いたことも体験したこともない商品サービスやビジネスモデルを創造してきたのです。

当初は猿まね日本（人）と揶揄《やゆ》されながら、ついには類人猿から未来人へとジャンプして進化変容したのです。


誇らしいのは、昔の日本でも独自の仏教文化を花開かせたこと、また世界でも類を見ない独特な変形文字であるひらがなやカタカナを中国文字のマネから創造的に生み出したことです。青は藍より出でて藍より青し、日本という弟子はいつも師匠を超えていると思いませんか。

トヨタ自動車しかり、セブン－イレブンしかり、カルビーしかりです。

しかし、師匠を超える日本と日本人はすごいと、自信過剰になってはいけません。いつものように、今までのように、日本と日本人は謙虚に学び続けるのです。

ベンチャーの戦略もしかり、世界中のうまく成功している先達のベンチャーや一流企業をしっかりまねぶ、まねることからはじめましょう。

いつか師匠を超える日が来ることを目指して。


**歴史を学ぶことによって未来のあり方に着眼できる**ということは、おそらくお隣りの四千年の歴史を誇る中国で培われた思想であり、それを私たち日本人が辺境の地の民として中華思想からありがたくまねて、受け継いだのです。

神仏と両親を敬い、律令を遵守しながら、民の正義を貫く精神を、受け継いだ辺境の地で独自に保護醸成してきたように思います。昨今のボーダーレス社会の中で、それらを失いつつある日中の政治家が出現し始めていることには慄然としますが。

お隣り中国の習近平政権が腐敗撲滅にすさまじい執念を燃やして徹底断行しているのは、

「船中八策ビジョン」を唱えた坂本龍馬

温故知新、中央が腐敗すれば現代の共産党政権、共産党一党独裁政権が崩壊することを予見しているからです。その着眼は過去の歴史体験からきています。

中国は王朝が交代することで体制が刷新される国家なのです。

漢、隋、唐、宋、元、明、清などすべての王朝は、王朝中枢に関わる権力者たちの腐敗をきっかけに、反体制の民衆運動や新勢力の勃興で崩壊しています。

中央政府政権内部の腐敗の程度が問われているのでしょう。習近平政権も先達に学んでいるのです。

現代日本の状況は幕末初期に似ていま

す。私たちが習近平同様過去に学ぶとすれば、幕末の幕藩体制の枠組みを越えて活動した志士の言動、開国と文明開化を主導した大衆運動に注目すべきです。

死罪に処される脱藩をしてまでも日本の国家の未来を憂えた坂本龍馬の「船中八策ビジョン」を、現代日本でもまねて反芻して創造しなおすべき時機がきたのではないかと思います。

着眼力訓練法⑨

# アナロジーやメタファーを使いこなせ

最後の手法をご紹介します。アナロジーとメタファーです。

アナロジー（Analogy）は、「類推的解釈」と私なりに訳しています。**ひとつのものごとから別のものごとを類推的に解釈する**という方法です。

たとえば、企業経営の戦略論ではダーウィンの進化論がよく引き合いに出されます。私も得意です。「適者生存」とか「共存共栄」などという単語は、本来は進化論で編み出された言葉であり概念でしたが、これを競争の激しい企業社会にアナロジーとして当てはめてみると、実にうまく活用できるのです。

**まったく違う分野であっても、その法則や概念などを互いになぞらえることができるという比較推論による仮説構築手法です。**

メタファー（Metaphor）もアナロジーとよく似た手法です。一般的には、**隠喩や暗喩などの比喩の方法**として知られています。

先ほどの企業経営の戦略論でいえば、「あの企業は象だ」と言い切る方法です。メタファーで「象」と表現されれば、受け手は象のさまざまな特徴や行動特性などの理解から「あの企業」を比喩的ながら具体的にイメージすることになります。他人を評価表現するときに「あの人はタヌキだ」と言えば、すっとイメージを伝えることができるという便利な手法なのです（そう言われたくはありませんが）。

アナロジーとメタファーを使えば、うまく表現できなかった説明困難なものごとを、うまくイメージしたり伝えたりすることが可能となります。また、ものごとの可能性や潜在性や広がりなどを創造するインスピレーションを与えてくれます。あるものごとからある新たな商品やサービスや新技術を着眼することが容易になるのです。

認知言語学の分野を拓いた研究書であるジョージ・レイコフ、マーク・ジョンソン著の『レトリックと人生』の中に、面白いメタファーと人間活動との関係の着眼についての記述がありますので、引用します。

「言語活動のみならず思考や行動にいたるまで、日常の営みのあらゆるところにメタファーは浸透しているのである。われわれがふだん、ものを考えたり行動したりする際に基づいている概念体系の本質は、根本的にメタファーによって成り立っているのである」

確かに人間がものごとを考えるとき、発想するとき、創造するとき、意見やコンセプトを議論するときなどに、アナロジーやメタファーは欠くべからざるものになっています。アナロジーとメタファーのおかげで、人間のあらゆる生活文脈や社会活動は深い味わいのあるものになっているのです。

「あいつはいい奴だ」よりも「あいつは救世主だ」のほうが深さがあります。「いい奴として生きよう」よりも「救世主イエス・キリストのように生きよう」のほうが具現発展性があります。「この技術開発は困難だが可能性は大いにある」よりも「この技術開発の道のりは曲がりくねりながらも必ず頂上につながっている」のほうが味わいがあり、「曲がりくねりながらも」楽しく技術開発に取り組めるものです。

もう数十年も昔、未来の自動車の開発の議論に文系出身者ながら参加させていただいた私は、消費者の一人として、洗車が面倒なのでカーボディ塗装面を昆虫の羽に変えてくださいと発言したことがあります。

会議室の面々は呆気にとられたものの、「それいいねえ」と白髪のカー・デザイナーが目尻いっぱいのしわとともに賛同してくださいました。

今でもあきらめずにそう思っています。生きている昆虫の羽はどんな泥水も、ペンキでさえも弾いてしまいます。つまり、洗車不要で、日焼けもしない塗装面で、傷がついても自然再生するという、ちょっと気持ちは悪いが生きて呼吸している画期的な有機カーボディになるということです。

これがアナロジー発想、メタファー着眼です。

アマゾンとグーグルがしのぎを削り、世界のベンチャーも続々参入しているドローンの開発競争も、今やアナロジー発想とメタファー着眼の競争となっています。

ドローンとは、「完全自律型マルチローター式電動ヘリコプター」です（あくまでも現時点での定義なのでこれからさらに違ったドローンもどきが開発される可能性は大いにあります）。

アマゾンが目指す空輸網の構築のみならず、セキュリティを目的とした移動監視をはじめ、農業や漁業、インフラ状況監視など幅広く利用先が期待されています。日本が体験したたいへん不幸な原発事故のときにこのドローンがあれば、安全にもっと早く現場状況を把握できていたかもしれません。

このドローンの開発には、さまざまな昆虫の飛び方、特にミツバチの飛び方（そもそもDroneは雄バチですね）や、ハチドリの空中静止の飛び方などの研究が必須条件となっています。昆虫や鳥の不可思議な羽の動かし方は、ドローンの開発に従事する精密機械技術者をワクワクさせているようです。

人類がどれだけ科学技術を進歩させても自然界が本来的に持つ驚異にはまだまだ及びません。であれば、**もっと謙虚に自然界のモノやコトをアナロジーすることが、イノベーションにつながる着眼になる、という素直な気づきが大事なのです。**

このような自然界の動植物を模倣して応用する研究開発は、バイオニクス（Bionics＝生体工学）と呼称されています。古くは米国空軍の医師であったジャック・スティールが

ドローンはミツバチやハチドリの飛び方を研究し開発された

Photo/Getty Images

一九五八年に提唱したと言われていますが、おそらく類人猿の頃から同様のことを感じ、人間は自然を畏怖し、学んできたのでしょう。

自然界の動植物は常に先達であり師匠だったのです。

競泳の世界でスピード水着が問題になったことがありましたが、**スピード水着の開発のヒントはすべて海の生物からもらっています。**

サメの鱗は水流の抵抗になる乱流を弱める働きがあり、スピードが出ます。当然、サメ鱗の水着は最高のスピード水着になりました。

『スター・トレック』という米国のテレビS

Fの最新シリーズである『エンタープライズ』の話に触れさせてください（私の著書では二回に一回以上はスター・トレックが出てくることをお許しください）。

あるエピソードでトゥポル（の曾祖母のトゥミアらしいが）というバルカン人の副長が地球の過去に不時着して住み、地球人の男の子の大学進学の学費を寄付するという心温まる話があります。お金をつくるためにトゥポルは、開示できない（人類の歴史に不測の影響を及ぼしてしまうので）未来の科学技術の中で、さほど影響は与えないと考えたマジックテープのカラクリを特許買取屋に売るというシーンがあります。特許買取屋は見たこともないマジックテープに目を丸くし高値で買い受けます。

現実の世界ではマジックテープは実にさまざまな分野で利用されている汎用性の高い知財です。これもバイオニクスからの開発技術です。

子どもの頃に晩秋の草むらに入ったとき、セーターにびっしり張りつくヒッツキムシの俗称（関西だけかもしれませんが）で呼ばれていた実の構造を見たことがありますよね。マジックテープは、犬の毛についていたごぼうの実のフック状のトゲから発想を得たのです。

バイオニクスの事例には、ほかにも、コウモリの暗闇飛行の技術からのレーダーやソナーの開発、ハスの葉からの水を弾く表面加工技術の開発など、枚挙にいとまがないほどに人類のあらゆる場面で役立っています。

毎度の蛇足ですが、ある企業の研修会で、バイオニクスの可能性についてチームでブレーンストーミングしてもらったのですが、いくつか面白いものがあったので、ご紹介したいと思います。簡単に記述すべく「××（動植物）のような××（開発用途）」としています。

- ダンゴ虫のような戦車
- アメンボのような高速艇
- カメレオンのような擬態（色）
- ノミ・バッタ・カエルのような跳ねるバネ構造
- **象の鼻のような建設機器アーム**

迷答としては、

・**鮭の帰巣本能で徘徊老人を救う**
・**テッポウ魚のような迎撃ミサイル**
・**蛇の脱皮のような若返り**

なんてのもありました。どれも想像するだけで画期的なものばかりです。

アナロジーとメタファーで解釈困難なものごとをコンセプト化する、また仮説構築が容易でないものごとを具体的にイメージすることができます。

画期的な着想、着眼にはうってつけの手法なのです。

**チームでアナロジーとメタファーを活用してワイガヤすれば、ぶっ飛んだ発想や着眼を具現化するビジネスモデルや商品サービスの創造活動ができる**ということは、シリコンバレーの多くのベンチャーの成功により証明されています。

# 第二章 未来を動かす着眼力を鍛えましょう
**身近な工夫から思い切った挑戦までいろいろあります**

が
いくつか
物語

# 第三章

# 着眼もたらすの未来

# 日本国家のあり方から地球上のイデオロギーの未来まで

ここまで読み進んでいただき、ありがとうございます。着眼のパワーについてご理解いただき、その力を得るためのいくつかの手法について、会得いただけたかと思います。

本章では、これらの着眼のパワーと手法を利用して、私の本業を超えた人類共通のテーマで、おそらくは皆さんも漠然たる不安をお持ちの大問題について、私なりの思い切った大仮説の骨子を開陳したいと思います。

パラノイアでメガロマニアたる私自身の、日頃からの大いなる疑問に対する、日常の三上を覆う曇り空のようなフラストレーションに、ベンチャー・キャピタリストとして培ってきた持ち前の強烈なアントレプレナーシップをぶつけることで、これらの大仮説を醸成してみました。

これからお話しする三つの未来物語は、多くの犀化していない友人たちと、ソーシャル・ブロックを外して、口角泡を飛ばして放談・熱論・対立し、フュージョンし、アウフヘーベンしてきた、誰も答え得ない難解なテーマであり、而《しこう》して、現代に生きる私たちが加担している限り責任を持って答えを出さなければならない喫緊《きっきん》の重要課題でもあります。

大上段に構えて振り下ろさずに天を仰いで万歳するような、SFチックで遠吠えのような大仮説に対して、多くの方々からのご批判を甘受させていただきます。

どうせここまで付き合ったのだから最後まで読んでやってもいいという奇特な御仁はお楽しみください。

テーマは三つ。まず、日本の復活への道（着実に凋落《ちょうらく》しています）、次に、資本主義とグローバリズムの行き着く先（過ぎたるは及ばざるが如し）、最後に、民主主義のあり方（現在、機能しているとは思えません）です。私の好きなおまけ、人類の種の生き残り策（大好きなSFです）も蛇足ながら付記しました。

いずれも書き手である私の職業人生にも、私が携わる多くのベンチャーの人たちにも、時空人間俯瞰的に、大いに関わってくるテーマです。

一つ目のテーマである日本のあるべき姿は職業人たる前に日本を愛する国民として考えなければならない大問題です。これからのクールジャパンのベンチャー・キャピタリストとしての事業育成活動には、日本の明るい未来が約束されていなければなりません。多くのアントレプレナーがすくすくと育つ、堅固で柔軟で肥沃な基盤を持つ国家であってほしいと願っています。

二つ目と三つ目の資本主義とグローバリズム、そして民主主義という三大イデオロギーの未来物語では、実体経済に寄与するベンチャーが生まれることを期待する、世の中と私たち人類が、背負うべき共通の価値観と共感できる制度であり続けられるのかどうかについて、真正面から真剣に、しかしシンプルに、考えました。

答えなき未来に向かう宇宙船地球号の中で、私たち同時代に生きる人間たちが常に抱えている憂いと多様に表出するフラストレーションの根源には、これらの三つのイデオロギーの現代的歪みがあるように思います。

あえてしっかりとは全体の予定調和的な整合性を持たせず、着眼のパワーから吐き出すように思いのたけ、溢れる思いのままの未来予想図、人間を信じてのロマン溢れる未来物語を書かせていただきました。最後のおまけの未来物語は、満腹感の中の箸置き、ティータイムの余興です。

高台に建つ拙宅の窓の外に広がる伊勢志摩の複雑に切り込まれた入り江に、真っ直ぐに強く差し込む真夏の日光の乱反射のきらめきが、メタファー、アナロジーとなって、コラージュのようなイマジネーションを与えてくれたように思います。

## 未来物語① 日本のあるべき姿

三島由紀夫の市ヶ谷駐屯地での割腹自決の前に完結された四巻四部作の『豊饒の海』は、残された創作ノートの構想から違和感を禁じ得ない結末の作品となりました。空虚で唐突な終わり方が、三島の自決背景をにじませていたように思われます。転生を信じ切っていた三島は、生に対する執着をすでに涅槃の境地に止揚させていたのです。

日本国家という絶対的な存在を神格化させ顕在化させる鬼気迫る三島の想いと行動は、その思想がどうであれ、心底から敬服できるものでした。

私たち現代日本に生きる人間がほぼ失いつつある、国家人たらんとする熱さ滾《たぎ》る生き方ではないでしょうか。

ますますエゴイズム化する現代では、社会的活動やソーシャルベンチャーと称賛されている活動までが、実は個人のエゴイズムで形成されているように思えるのは私だけでしょうか。

三島由紀夫が割腹自殺をする四か月前の七夕に、産経新聞に投稿した文章は今でも相当な迫力を持っています。

曰く、これからの日本には希望が持てず、日本はなくなるだろう、と予言したうえで、「その代わりに、無機的な、からっぽな、ニュートラルな、中間色の、富裕な、抜目ない、或る経済大国が極東の一角に残るであろう」と吐き捨てたのです。つまり三島の理想とする日本国家は当時の昭和四十五年の時点ですでに失われていたということです。

三島の予言は当時の世相萌芽の分析として予言的でした。まさに現代の日本はこのとおり、極東の中間色の経済大国として大成してきたのですから。

三島が見放した日本国家の存在の仕方は、これはこれでよかったのかもしれません。経済大国であるためには、国際政治には（実はよく分かっていないながらもあえて）無関心で中間色で、一方では抜け目のないエゴイスティックなガラパゴスの継続発展的な経済革新が必要だったのです。

しかるに残念ながら、昨今は、日本は変に色づき始めました。三島が日本の生き残る方法論を諦観の境地で示してくれていたのに、どうやらそうではなくなる方向へ舵を切り始めているようです。

## 日本を救うのは、金融ではなく、経済諸体制とビジネスの仕組みの改革と革命

世界の潮流に盲目的に追随するように急に色づき始めた過剰な金融緩和は日本を救うこ

とは決してありません。**日本を救うのは金融ではなく、経済諸体制とビジネスの仕組みの改革と革命**です。

経済大国であるためには、**勇気を持った不断の古き秩序の破壊が必要**です。日本が太平洋戦争に敗北し、既存秩序を破壊して驚異的復活をしてきたように、地球規模での産業貿易戦争が進行する中では、既存の国内経済制度や業界ルールや産業規制や秩序をどんどん創造的に破壊し続けなければなりません。企業レベルはもちろんですが、産業構造レベルでの不断の新陳代謝が必須です。

産業構造での新陳代謝というのは、**競争力が保てない産業は衰退し、そこで保持できない有為な人材が新産業に流れることで新産業を勃興させる**という、産業生態の良循環を意味します。

米国では自動車産業などの重厚長大産業の衰退に伴って、理系人材がウォールストリートの金融工学人材として投資銀行の業界を強くし、オラクル、マイクロソフト、アップルやグーグルなどのITウェブ産業を世界一に押し上げました。

残念ながら日本では、中国や韓国の猛追に対して太刀打ちできない状態にあるテレビに代表される弱電産業や、その後背業界の半導体産業などの勇気ある撤退や再編が遅々として進まず、行政主導や機構テコ入れによる時代遅れの足し算引き算をやっています。かなりの国民の税金や未来の国民からのまだ得ぬ税収をあてにして、衰退産業の延命策や勝ち目のない産業活性化策に公的資金を投入しているという絶望的実態があるのです。既存の秩序の破壊を主導してきた一部の優れた政府官僚はすっかり勢力を失いつつあります。

これまで日本国家は、明治維新も戦後も、市民社会や起業社会の破壊的パワーと急進過激な政府官僚によって、過去の既存秩序を破壊し、未来志向での改革成長を実現してきたというのに。

中央銀行による、出口がない今の財政ファイナンス（と呼んでいいでしょう）は日本国家を借金漬けにして、経済の劇的成長が実現できなければ（このままでは間違いなくできないでしょう）、必然的に全体主義的国家社会主義に移行する危険性をはらんでいます。巨額に膨らみ続ける財政赤字は、税率を際限なく上げ続ける、つまり法人税を50％、個人所得における高額所得者への最高税率70％の累進課税、そして、消費税を25％とすることによってのみ解消することになるのは、火を見るよりも明らかです。

恐ろしや、国民の預金封鎖によって破たん処理をすることを想定しているのでしょうか。

はたまた国民生活が破たんするハイパーインフレで、名目的に財政赤字を解消し、国民の富を国家に移転するのでしょうか。

こうして、二十二世紀に向けて、日本は豊かであるとの幻想を抱いたまま大いに衰退し、極東の木造遺跡のある観光地域の島群、米国の五十一番目の州としてかろうじて生き残ることになるのでしょう。私たち日本人は数十年後には、円ではなく米ドルを主たる通貨として使うことになります。

## 小さな政府の全方位外交のイノベーション大国を目指すしかない

おっと悲観的な結末で終わらせるわけにはいきません。

私の日本国家復活のいくつかのシナリオを述べます。

まず一つ目。三島の着眼のとおり、日本はやはり再び、二十四時間戦うエコノミックアニマルがうごめく極東の全方位外交、中間色の、アジアNo．1の猛烈経済大国、かつ、イノベーション大国を目指すしかないのです。

全政党が経済政策で大同団結し、憲法改正ではなく、**小さな政府になることを宣言し、徹底した自由化、簡素化、民営化の絶対方針のもと、あらゆる既存の規制を撤廃する、そして民間でなし得るすべての事業やサービスは公から民へ明け渡す**のです。

政治家と国家公務員の半減、地方公共団体の併合簡素化による地方政治家と公務員の七割減、国民総背番号による税と社会保険の一元化は、電子政府化、デジタル化とクラウド化でなんら問題なく実現でき、かつ、軽量な財政で今並みの高福祉国家を保持することはできるでしょう。そもそも地方の政治家は地元を心底愛するボランティアの人材であるべきです。

官公人材を最小化すれば一時的に失業率が上がるでしょうが、本来優秀な官僚や公務員は民間で生き生きとした職業人生活の機会を得られる（もちろん本人のやる気が前提ですが）はずで、成長産業に優秀な余剰人材が移動し、資本市場を公民一体で整備すればイノベーションの確率は高まるはずです。

# 世界一の海洋国家ニッポンに！

もうひとつの着眼、日本復活の私好みのビジョンがあります。

日本の未来を拓く処方箋はやはり、三島由紀夫の遺作の名のとおり、『豊饒の海』だと思っているのです。日本に残された再成長の道は豊饒の海の国、つまり世界一の海洋国家になるということです。日本の未来を四方八方の海洋に賭けるべきだと信じます。

禅語にあるように、時は海なり。そして、海は金なり、成長の源泉なり、です。


クールジャパンはパラダイス鎖国のガラパゴスが生んだオタク文化と誤解されがちですが、本当に日本国家がクールなのは、地球上の国家の中でも実に稀有な海洋環境国家であり、海に囲まれた地理的な優位性を持っていることによります。

最も衰退している産業のひとつは漁業ですが、日本領海の黒潮と親潮がぶつかる太平洋は、世界三大漁場のひとつで、三千八百種の魚種の資源に恵まれています。

地球上の人口が増え続ければ人類のタンパク質が足りなくなることは明白です。牛や豚は地球上の有限の水と、限られた地域でしか耕作できない大量の穀物がなければ、肥育できません。しかし、日本では豊富な漁場から海の健康的なタンパク質を得る、または養殖することができるのです。

日本の実質的な支配利用可能な海域は巨大です。面積で言えば、米国やオーストラリアやロシアには劣るものの、中国よりも圧倒的に広く、排他的経済水域（領海含む）で約447万平方キロメートル、中国の5倍もあります。

確か陸地面積は学校で習った時と変わらず37万8千平方キロメートルですね。日本は陸地面積ではロシアの45分の1、米国や中国の25分の1の弱小国家ですが、**支配利用可能水域では世界の大国**となります。

さらに、海域を立方体としてとらえると、日本の太平洋側には日本海溝がありますので、その海域体積は超巨大で実に1580万立方キロメートルもあります。この立方海域には想像を超える資源や未知の可能性があるのです。

資源の豊富さが国力の差や発展可能性の源泉だとすれば、**日本は海洋国家として、まだまだ無限の可能性のある未来を持つ国家と考えられます。**人類は宇宙開発に夢を託す傾向がありますが、日本の足元には大海という未知の宇宙があるのです。

今、日本の広大な領海では、未来の未知の大陸を創造することにつながるかもしれない猛烈な火山活動が起きています。西之島の出現です。無理やり埋め立てる人工的な活動をせずとも自然と領海が広がっていくのは日本だけです。

脱線しますが、深海生物もまだまだ未知です。王者はなんといってもシーラカンス。生命のカンブリア爆発の三億五千万年以上前の古生代デボン紀の化石に見られる魚らしきものです。中生代白亜紀末の六千五百万年前の巨大隕石衝突(と仮説では説明されている)による生命の大量絶滅も見事に生き抜いたのです。見たことはないですが、構造上地上を歩ける魚です。

また最近の深海魚ブームでスターダムにのぼったダイオウグソクムシもいます。五年間もの絶食で有名になりました。五年間とは信じられません。本来深海でゆったり生活できていたはずの彼らが地上に連れてこられていることには申し訳ない気持ちでいっぱいです。シーラカンスもグソクムシも私たちの好奇心を刺激してくれることで役立ってはいますが、現実生活に利用価値のある深海魚ヌタウナギなんてのもいるのです。読んで字のごとく、ヌタを出すウナギです。なんとナイロンに替わる糸を生産してくれる生体工場のウナギです。深海魚がまだまだ謎とともに、未知の技術革新の潜在性を秘めている証拠です。

第三章
着眼がもたらすいくつかの未来物語
日本国家のあり方から地球上のイデオロギーの未来まで

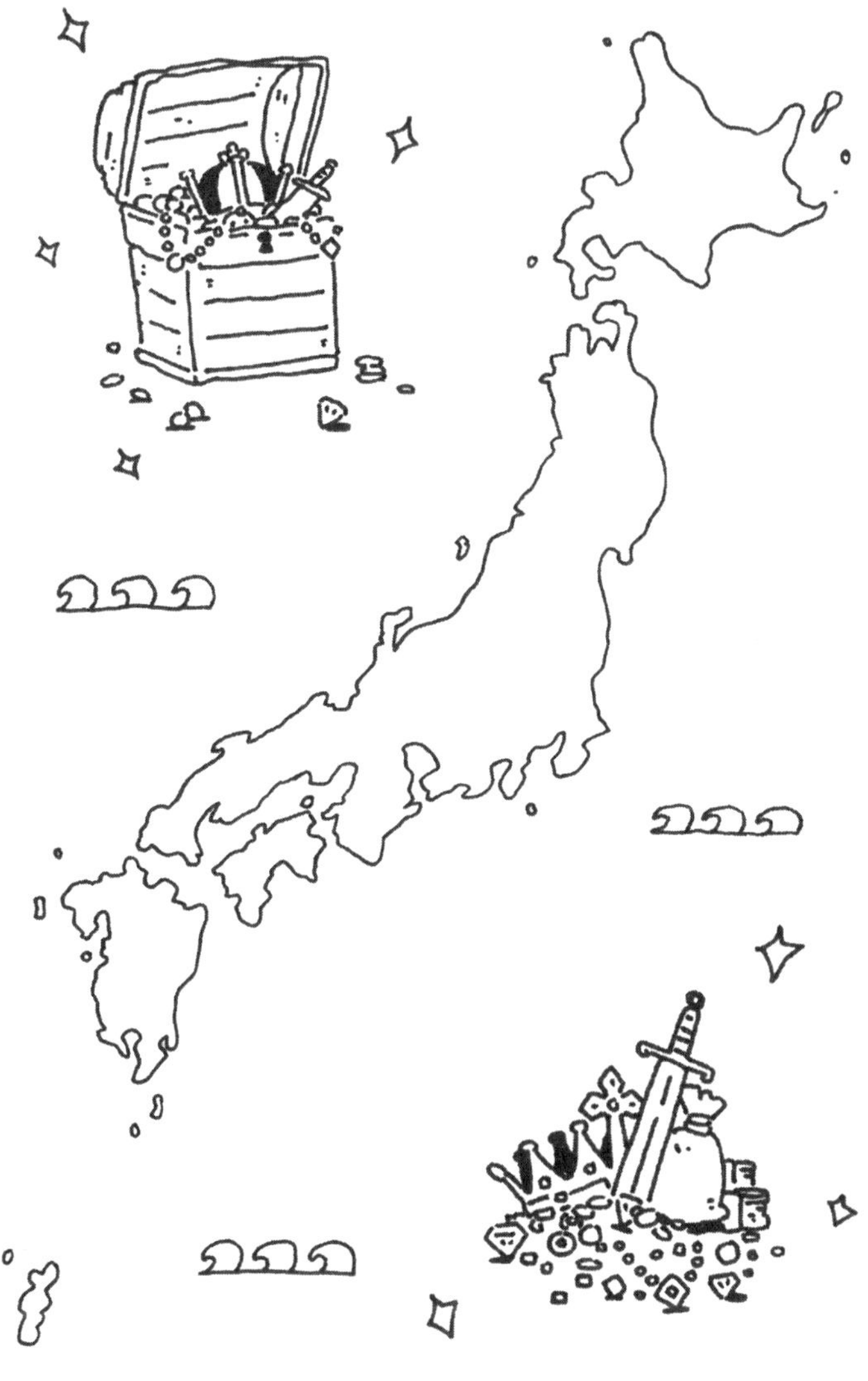

要は**この巨大な日本の支配力が及ぶ立方海域には、想像を超えるあらゆる豊富な資源と利用価値がある**ということです。

中国が尖閣諸島にご執心なのは、尖閣諸島海域には原油埋蔵量が1000億バーレルもあると推測されているからです。1バーレルが50ドルで1ドル100円とすると500兆円もの原油資産がすぐそこにあるのです。最近有名になったメタンハイドレートも注目の資源で、日本の年間の天然ガス使用量の百年分はあると推定されています。

さらにこの広大なる海域に**海の生物だけでなく、ウランや稀少鉱物も海流に乗って運ばれてきます。**海水溶存物質と呼ばれるこれらの元素はあらゆる貴重資源をフルカバーしています。

別の視点で見れば、**太陽光発電も風力発電も広大な洋上で可能**です。海自身を利用する手段としても**波力発電や海水温度差発電の技術は、海さえあれば日本のどこでも利用可能**で、しかもこれらは待望の安心安全な自然エネルギーなのです。

日本を取り巻く豊饒の海によって、三島の諦観したからっぽな日本を世界一の海洋国家に押し上げることが、日本国家再生のもうひとつの大道ではないかと考えていますが、いかがでしょうか。

## 未来物語②　資本主義とグローバリズムはどこへ行く

資本主義は金融資本主義体制として最後の時期を迎えようとしています。

日米欧の先進諸国はこの百数十年間資本主義を標榜し堅持することで、市民の幸福と安心安定した社会を構築することに成功してきました。

少なくとも二十世紀まではそうだったように思います。慣性の法則なのか、二十一世紀の初頭もまだその余韻で資本主義が機能しているようです。しかし、向こう半世紀か長くて一世紀を俯瞰したところでは、今の金融資本主義の延長線上の姿はおそらく存在しないでしょう。

資本主義を語る際、経済学の専門家であれば、資本家と労働者、生産活動や交換活動、需給と価格などについての論点で述べるべきなのでしょうが、私は専門家ではないので、自由なる仮説をご容赦いただくとして、私が解釈している**資本主義の存在意義とは、新たな価値を創造し続けること**にあります。

この主義（イデオロギー）を世の中で機能させ継続させるには、この付加価値の不断の実現こそが解決策であり条件となります。

では、価値とは何でしょうか?

資本主義における価値とは、シンプルに表現すれば経済のミクロ構成単位である私たちの共同幻想の差異の認識です。**資本主義の本質は不等価交換であり不等価の価値の差異を反復して創造すること**です。付加価値はそもそも私たちの価値認識の差異から生まれる幻想、思い込みなのです。

しかしこれは資本主義の真実であり、問題ではありません。

**現代の金融資本主義の死に至る真の問題点は、この不等価交換の価値の差異の創造が、実体経済、私たちの生活の現場で行われることが全体として少なくなり、金融市場という市場経済のデジタル世界でそのほとんどが行われるようになったことです。**

その規模のアンバランスな際限のない増大が、ついには現体制の破たんをもたらすだろうという予想です。これについて述べたいと思います。

# 実体経済の資本主義と市場経済の市場原理主義のパラレルワールド

価値の話に戻ります。価値を顕在化させるために大事なのは、それが共同の幻想となることです。流行のビットコインも、共同幻想の価値基準として交換経済に実際に使える通貨と信じ込まれているから流通するのです。実際に世界中に流通すれば、信用通貨の発行体である国家が無用化するので、いずれの国家政府も許すはずはありませんが。

私たちが価値を交換するために用いる通貨は国家が信用保証をしています。国家が共同幻想として、国民がその価値を信じるように強制付託している道具が、通貨です。その通貨が、有限ではなく無限に国家の都合で供給できる金融資本主義がいよいよ行き着くところまで行き着いた感がしています。ご存じのとおり、ちょっと前までは、短い間ではありましたが金本位制のもと通貨の供給量は有限でした。

SF好きの素人エコノミストとして表現すれば、私たちが生きている**現代の資本主義社会には、位相の違うふたつ以上の平行世界があり、それぞれで別の経済世界が動いている、価値が交換されている**と言っていいでしょう。

ひとつはモノやサービスが交換される実体経済。もうひとつはバーチャル空間、主に、映画『マトリックス』のような金融工学がつくるデジタル世界でうごめく市場経済です。

真の実体経済での有効需要、家計や設備投資などに必要なお金の量は、おそらくは供給されているお金の量の、多めに見積もっても三分の一以下でしょう。

ハイパーインフレにならないですんでいるのは、ウワバミのようにお金を吸引してくれる位相の違う市場経済の世界、多くの金融市場や金融工学がつくりだした金融商品などの存在のおかげです。

前者の実体経済が資本主義で、後者の市場経済が市場原理主義となります。これらをまとめて、いわゆる金融資本主義と呼ばれているようですが、制度的には別物で、ルールの下でその制度間の限定的な価値交換を許してきたのです。そもそも別物にしておいたほうがいいはずなのに、昨今、平行世界の間に政府・中央銀行の意図的な金融政策がどかどか介入してきました。リーマンショックの衝撃があまりにも恐ろしいものであったので、分からないわけではありません。しかし忘れてはいけないのは、ある意味でリーマンショックは自然な現象で、ふたつの平行世界の均衡 (equilibrium) を実現するための裁定の摂理だったのです。

リーマンショックによる世界大恐慌の恐怖シナリオに対応するための米国政府とFRBのなりふり構わぬ公的資金の注入や巨額の量的金融緩和によって、なんとか最悪の事態は食い止めることができましたが、その後遺症は長く続いています。つまりいまだに出口戦略を本格的に実行できないままなのです。

もはや政府と中央銀行が市場経済を利用していくら大量の金融緩和をしても、実体経済にそのすべてのお金が回ってこない制度麻痺が起き始めているのです。

日銀の黒田バズーカの号砲で始まった日本の金融緩和も、市中の資金還流につながっていません。

しかし、もし市中に巨額な金融緩和のお金が回ってくれば、恐ろしいほどのインフレーションが起きる可能性がありますが、その巨額のお金を吸収する実体経済の能力もそれを循環させる実体経済の構造もないのです。交換する実体経済の対象が乏しく、この規模に見合う新たな価値も創造できていないのです。

つまり、有効需要が存在しません。**巨額な資金供給量に対して、需要を創出する多くの共同幻想の価値の差異化の反復が、実体経済の活動の中に生み出せないでいる**のです。

じゃぶじゃぶになったお金はしかたなく、位相の違う金融市場や金融機関に逆流停滞するか、下手をするとまたバブル経済下のように市中の不動産市場などに溢れ出ていきます。今はなんとかそれほど暴れずに、為替市場、株式や債券市場、各種仕組債などの金融工学商品やファンド市場に直接間接に還流して収まっているようですが、安心はできません。

市場経済で回るお金が求めるのはリターン、つまり利回りですから、利回りが出そうなところに、その背景に実体があろうとなかろうと、つまり市場での格付けのコンセンサスや共同幻想さえあれば、一気に向かっていくことになります。そして多くの場合、その価格や還流資金量はオーバーシュートするのです。対象とされている価値の実態以上に利回りを出しているかのような成果を生み出すために、お金がお金の利回りをつくるという構造です。これが問題をややこしくします。

市場経済において価値は等価交換が原理原則ですから、実態以上に利回りを生み出す反対側に損失を出すか、潜在的に損失を抱えさせている状態が続いている（バブルが膨れているとも言えます）ということかと想像します。

実体経済の実態以上に膨らんでいく市場経済のお金は、貪欲にリターンを求め続けるために必ず歪みの累積を潜在化させるのです。実体経済がそのリターン分を時間軸で追いかけて、その期待値レベルまで本当に成長していかない限り、ゼロサムゲームで累積損失の爆発的な顕在化は必ずやってきます。

結論から言えば、もう手遅れです。もうこの構造と仕組み、つまり**金融資本主義と呼ばれている諸制度も金融工学技術も、限界域まで過剰拡大膨張しており、そろそろ適正簡素な規模と構造に収斂させるべきなのです。**

実体経済と市場経済の複数の平行世界の中で、各国政府が無謀な信用創造による巨額資金を供給しながら限定的に実体経済の循環に組み込み、余剰分を市場経済で循環させて調整しようとする仕組みとコントロール力に、完全に限界がきているのです。

素人ながらに、むしろ素人だからこそ素直に感じます。

早晩、いずれの政府や中央銀行も、巨大な金融緩和の出口戦略が実行できずに、有効な救済策やコントロール策が打ち出せない、効かない、ハードランディングの世界大恐慌が必ずや訪れます。

## 出口戦略ふたつの私案

有効な答えを提示できないのでお恥ずかしいのですが、ソフトランディングにするためのふたつの解決策を私案として示させてください。一つ目は現在の延長線上的なふつうの解、二つ目は乱暴な私案で、その方向性だけを議論の端緒にしていただければと思います。

一つ目は、容易に想像がつく延長解です。**金融資本主義を複合金融資本主義に移行させる**のです。つまり平行世界の数を屋上屋に増やすという方法ですね。市場経済の屋上屋にもうひとつの金融市場経済世界を創造していくのです。

分かりやすく言えば、すべての世界の国家過剰債務などの返せない負債や過剰金融緩和の行きどころのないお金を、バランスシート丸ごと棚上げするということです。国際連合金融清算事業団とでも名付けましょう。これでもう百年ぐらいは延命できる可能性があります。

二つ目の解の方向が、私としては優先したい提案となります。

世界の資本主義のイデオロギーは当面残す前提で、資本主義の制度設計を思い切って変更します。その制度パラダイムシフトとは、**主権国家の発行する通貨を廃止し、同時に主権国家間の関税は完全撤廃**してはどうかということです。要は、ユーロの世界版です。

主権国家間で毎年合議し、地球全体の現在の価値総額と将来の価値総額の正味現在価値総額を定め、その合計額に裏打ちされた通貨を世界中央銀行（創設するのです）から発行供給します。世界共通通貨という共同幻想の基準と制度を導入するわけです。従来の外国為替制度とその構造は完全撤廃します。

国家ごとの通貨、それぞれの国の信用通貨間の為替があるから、複数通貨間の信用の歪みが起きます。実体経済以上に市場での歪みが増大するため、そこにアービトラージ（裁定）の機会が生まれ、金が金を生む市場経済の取引市場の世界ができてしまいます。

ヘッジファンドやミセスワタナベが活躍できる場ではありますが、実体経済とは完全にリンクしていないにもかかわらず密接に実体経済を揺り動かす力を持つので、危険かつ不要です。国家間の為替制度は、実体経済側から見れば不安定な攪乱因子なのです。今の世界では、実体経済が相場を動かすのではなく、相場の変動が実体経済に甚大なる影響をもたらすのですから。

記憶に新しいスイスショックの日には、なんと一日で、正確にはほんの一時間で、為替が50％も変動しました。昨日と今日で通貨の相対的価値がそれほど変わり得るものでしょうか。昨日100円で買えたパンは、今日も100円程度で買えるようにするのが国民生活を守る国家や権力者の責務とするならば、為替は国民主体の国家運営に邪魔な仕組みではないでしょうか。

逆説的ですが、国家や権力者の利得のために、為替という仕組みが恣意的に利用されることになるのは悪しき必然なのです。足元で進行している国家間の通貨安競争は無意味でぶざまです。

第三章

# 着眼がもたらすいくつかの未来物語

## 日本国家のあり方から地球上のイデオロギーの未来まで

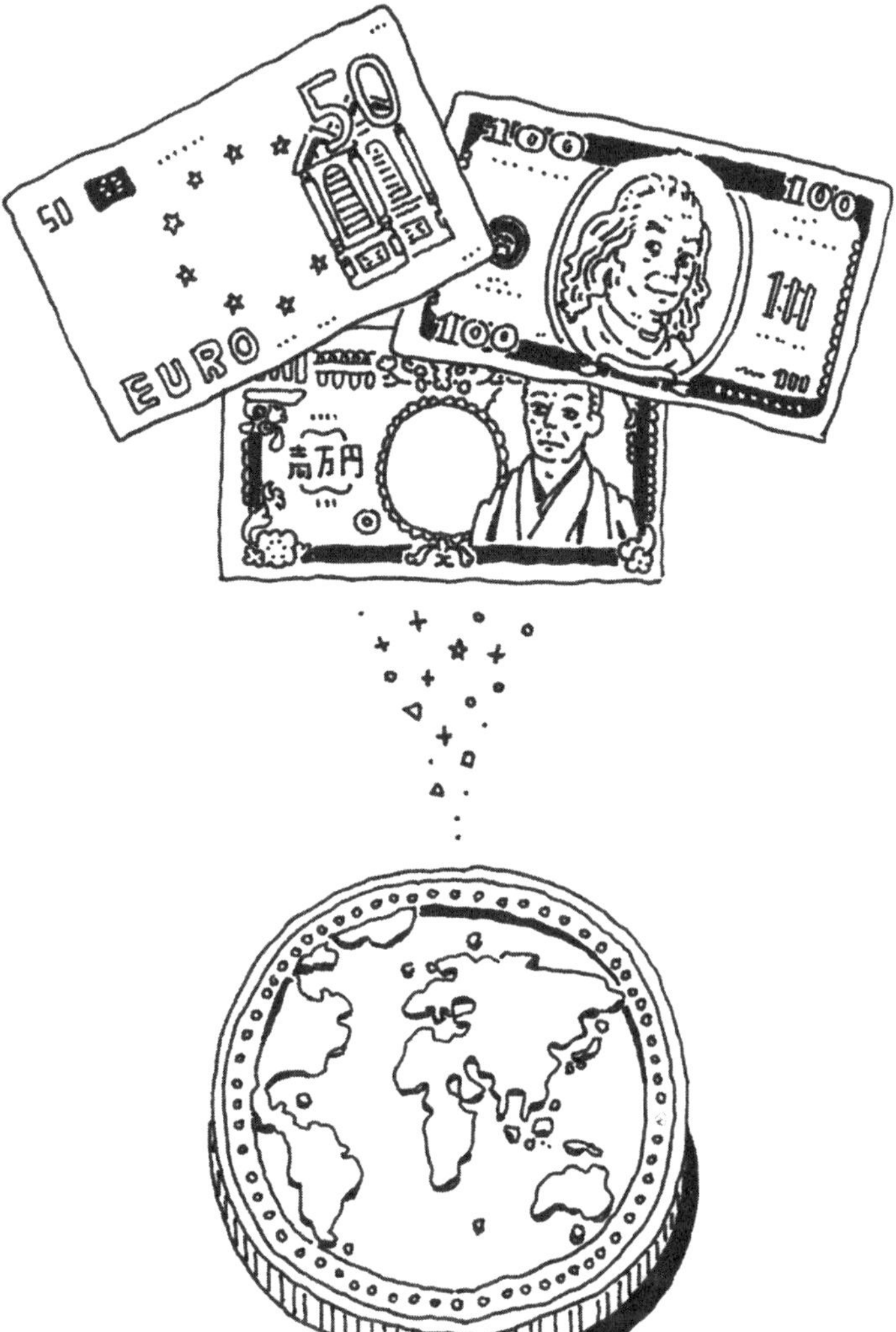

古い話になりますが、アジア通貨危機にあって、為替変動を仕掛けるグローバル・ヘッジファンドのジョージ・ソロスに対して、果敢に自国通貨を固定相場制に移行して守ろうとしたマレーシアのマハティール首相（当時）は毅然とした権力者でした。世界の通貨経済体制が変わらない中での自国通貨マレーシア・リンギだけの独立独行政策は、結果としては巨大な仕組みに抗えなかった無謀策と評価されますが、その挑戦は未来への課題を提示してくれました。

もし私たち日本の通貨の円が、今日1米ドル100円、明日1米ドル150円だとしたら、1ドルのパンを買うために、今日は100円ですみますが、明日になると150円と50％も値上がりすることになるわけです。消費者として納得できるものなのでしょうか。

足元では今まで円高で忘れかけていた日本円の誇りがもろくも崩れつつあります。円安という輸出企業の業績が見かけ上よくなるマジックで、日本と日本人は世界では確実に貧困になっているのです。

日本円で10％の賃上げ、所得増があったとしても、米ドルから見れば30％以上賃金カット、所得減になっているという納得しがたい事実をしっかりと見据えなければなりません。今や日本の寿司職人は海外で出稼ぎをしたほうが二倍の収入が得られる、経済後進国となりつつあるのです。

話を戻しますが、ユーロの通貨制度は財政を統合せずに通貨だけを共通化した問題が指摘されています。このユーロでの大実験が、まさに未来の世界通貨制度構築への教訓を現在進行形で示してくれるでしょう。

大きな秩序は根本的な大きな秩序によって丸ごと取って代わられないと、わずかな歪みを残すことになってしまい、それが秩序変更プロセスと過渡期の体制を崩壊させる可能性があるということを、今のユーロは体験しているのかもしれません。

世界大恐慌を免れるためのまず第一歩は、世界通貨制度の創設です。価値対価値が不等価交換で自由に競い合うことで利潤が生まれる、実体経済中心の本来の資本主義のイデオロギーの原点に戻すのです。

さらにここから、資本主義の行く末に対する着眼の視野を広げたいと思います。

世界恐慌を避ける対症療法の議論にとどまらずに、資本主義のイデオロギーが進展する先にひらかれるべき未来について考えます。そして資本主義とともに地球上に蔓延するグローバリズムとの課題についても考えてみたいと思います。

# 資本主義という国家権力主義、崩壊への序曲

二十世紀にソ連邦が崩壊し、米ソの冷戦が終結したことで、共産主義を実現しようとした社会主義が資本主義に敗北した、と私たちは教え込まれたように思います。

しかしこれは、まったくの錯覚、誤解です。

着眼すべきは、資本主義の中で共産主義思想や社会主義は生きている、すでにうまく組み込まれているのです。本来終わっていてもおかしくなかった資本主義が、社会・共産主義のおかげで、生き長らえていると考えてもいいでしょう。

皮肉にも**社会・共産主義が資本主義を延命させている**のです。

共産主義を大義として奉じたソ連邦の崩壊は、スターリニズムから継承された、さらに

はナチスドイツから継承されてきた、全体主義の崩壊であって、共産主義のイデオロギーの崩壊ではありませんでした。

マルクスの思想は葬られたかのように思われていますが、マルクス思想の根幹の一部はまさにこれからの資本主義の問題を解決する方向性を示しています。

労働価値説を代表的な考え方ととらえると、マルクスの考え方はもはや現代では使いものになりませんが、根本思想の理想である**国家の介入なしに、国民のアソシエーションで自由に自律する個人の集まる協力共産体制社会を実現創造しよう**という志向は、まさに現代の行き詰まりつつある資本主義に四苦八苦する日米欧諸国、その悩める国民たちに求められているものではないでしょうか。

日米欧諸国は、お隣り中国も含めてですが、中央集権国家、国家に権力を集中させる方向に動いています。国家が国民生活に介入するのは、乱暴に言えば国民が愚かである前提で成立します。

国民が自立し自律的に動けないので、国家が介護してあげようという姿勢です。介入することで国家が権力をさらに強化し、権力にすり寄り迎合する輩が中央に集まり跋扈《ばっこ》することになります。民主主義を標榜する現代の資本主義国家に、崩壊したソ連邦のような全体主義的なほのかな兆候が見え始めているように思えます。

資本主義は優勝劣敗、弱肉強食を許す社会のあり方です。資産格差や所得格差が生まれることを予定、想定しているイデオロギーであることは明白です。トマ・ピケティの『21世紀の資本』というファクトブックが検証する格差社会とは、資本主義が資本の成長を保護し期待促進する制度だという、当たり前で自明の結論をあらわしたまでです。

格差が生まれるほどに自由で自律する個人の成長意欲、アニマルスピリットを称え、促進することを善とする、資本主義社会の実現を目指すのが本道です。

これに対して、**格差社会を是正する高福祉国家は、まさに共産主義が実現する社会への事後補正的な修正資本主義**だという理解です。つまりアニマルスピリットで行き過ぎつつある資本主義を冷静にするために共産主義の思想がうまく利用されているのが現代社会の姿なのです。共産主義の根本思想は、アニマルスピリットを高揚する資本主義よりもある種、知的で理性的だからです。

アニマルスピリットは成長には絶対必要ですが、糸の切れた凧の状態のアニマルスピリットは無謀な血気となるだけで、暴走を生むことになります。社会・共産主義思想が根本や枝葉に組み込まれていることで、現代の暴走しそうな金融資本主義がそこそこに抑制されるのです。

しかし問題なのは、現実はかように理想的には進行せず、そう簡単ではないということです。**資本主義の中に組み込まれた社会・共産主義の理性は、今や資本主義の独善的司令塔の中央の権力と強固に結びつき、権力の道具と化している**のではないかと懸念しています。

中央にたむろするのは、私利私欲むき出しの政治家や官僚、資本家と資産家だけでなく、何の挑戦もせず富の再分配と高福祉を是と要求する、悪いほうの共産主義者たちの群れです。

これは批判的に表現しているのではありません。現代の資本主義の世の中がその必然としてつくり上げてしまう最終的な構造を、概念的に客観的に表現しただけです。

国家の中枢にたむろする群れは、税金を集める権力を保持しようとします。徴税権は権力の根源的権利であり権限だからです。

税金は、大金をフローで稼げる事業家、収益資産が生み出す所得を享受する国民、大きな資産や稀少資産をストックとして持っている国民からより多く徴収することができるので、必然として中央にはそれを自らコントロールしたい資本家と資産家が寄ってくることになります（コントロールできないか、したくないと判断した連中は海外へ脱出します）。

また集められた税金を目当てに、富の再分配の高福祉の必要性を声高に叫ぶ連中も当然ながら寄ってくることになります。

かくして、資本主義の権化とそれと対峙対立する連中が、互恵互利の蜜月関係を国家権力の中枢に共同で巣くってしまう、という不可思議な現象となります。これこそが現代において歴史的に検証されつつある資本主義社会の不都合な真実なのです。

共産主義による社会体制のリスクが全体主義であったとするならば、**資本主義の社会体制は、国家権力主義のような危険な社会構造を形成しつつある**のではないでしょうか。国民主権であるべき国家が、一握りの複合的既得権益者が独占する国家権力の枠組みに取り込まれ、自律的に生活する国民、自由な生活者と完全に遊離していくのです。

国民の中には、アニマルスピリットも勤勉さもなく国家にぶら下がりすり寄る受動的な連中もむろん存在します。しかし、多くの理性的な国民と素直で直感的な群衆は、国家が自分たちとはかけ離れた、無意味でむしろ危険な存在ではないかと覚醒し始めるのではないでしょうか。

現代の資本主義の不都合な真実に対して、マルクスの予言どおり、社会の上部構造と下部構造の体制の矛盾によって国家崩壊の序曲が始まるのではないかと予感するのです。したがって、現代資本主義のイデオロギーが進展する先にひらかれるべき未来とはいわゆる革命しかないというのが私の考えです。

革命とは物騒な、と思われるかもしれませんが、私の言う革命とは、上部構造や国家体制の単なる否定転覆を図る革命ではなく、**別の体制やパラダイムへの嬉々としたジャンプ**を目指すものです。人類の英知と原始的な想いを結集すれば実現も不可能ではないと思っています。

# 真のグローバリズムという「革命」

この革命に最も密接に関わっているのがグローバリズムです。

真のグローバリズムの具現化こそが、我が革命なのです。

グローバリズムは、騒がれている割には理解されていない現象、ある意味これもイデオロギーではないかと思います。主義としてのグローバリズムは、TPPに代表される世界の経済国境の障壁、主権国家間の関税を完全撤廃して自由化しようということに始まるのではないかと思います。

日本ではグローバリズムは、産業を空洞化するなどと批判的に評価されることが多いようですが、グローバリズム進行のプロセスで国内での痛みは伴うものの、**究極は地球上での適所適材、公平な機会分配や資源分配を実現しようという人類の理想**です。

人とモノが今のインターネット上のコト（情報）と同様に、自由に行き来する世の中が実現するのです。


**真のグローバリズムは、自立する自律的な個人を国家の枠組みから解放しま**

**す。自律的なコミュニティも国家や既存の枠組みから解放します。**たとえば、地球上で真に必要とされる企業（自律的なコミュニティの代表例です）は地球市民になるということです。すでにその萌芽としての実例となる企業は多く出現しています。

当然の帰結として真のグローバリズムは、排他的な国家の枠組みや国家権力強化の動きとは最も相性が悪いということになります。したがって、その構造を破壊する革命が必要なのです。

そもそも今、がむしゃらに中央集権化しようとしている国家権力が、足元で自然に静かに崩れつつあるという感覚を持っているのは私だけでしょうか。アナーキズム（無政府主義）を期待して言っているのではありません。地球上の長く続いた仕組みとしての国家の存在価値が失われつつあるという認識です。

地球上の人類の抗争と戦争の歴史にあって、国家・国民はインターナショナルであること、インター（間）ナショナル（国家）、つまり、国家間調整能力があることが求められました。

たとえば、互恵互利を目指す交易や貿易、文化の交流、そして戦争の回避と平和関係の維持の実現のため、主体としての主権国家が他の主権国家と交渉連携調整する必要があったのです。コミュニティの単位も多様多段階にありますが、国家というコミュニティ単位が地球上の社会システムの基礎構成要素だったからです。

しかしながら今、主権国家間でのインターナショナルな利害調整こそが皮肉にもコストとリスクを増幅させ複雑化させているのではと考察しています。

**国家が仮になくても、地球上の障壁なきインターナショナル化は、個人とコミュニティの新たなグローバリズムで実現できる**ようになってきたのです。

個人とコミュニティたる企業と裁定者（個人とコミュニティの利害をヘッジする主体）が、国家に代わって地球上でインター・リレーションを形成することができます。すでに個人レベルでは地球上でさまざまな形で連帯できるサイバー空間が存在します。実態として、国家の介入なしに国家のボーダー（国境）を越えてつながることができる個人の集団やコミュニティが、どんどん出現しているのです。

もうひとつ注目すべきは、多くの多国籍企業の強大化です。

ドメスティックに見られがちだった日本のトヨタ自動車は、すでに多国籍で活動をすることで、地球全体の国際的な環境問題を解決することに寄与しています。世界中の国家・民族・宗教を超越して、子どもたちがネスレのお菓子を食べています。グーグルはボタンひとつで中国共産党一党独裁の政権を崩壊させる民主化革命の火をつけることができるでしょう。アラブの春はその証左でした。

裁定者のひとつ、グローバルマネーを操るヘッジファンドたちは主権国家の信用通貨の間のひずみをインターナショナルに利用し稼いでいます。さとく稼ぐ側面だけが批判されがちですが、主権国家の中央銀行間で遅滞する調整機能を先んじて果たす役割と地位を確立しているのです。

また国際的な弁護士ファームやコンサルティング機関は裁定者として多国籍企業間や地域企業との利害調整や業務連携などの合従連衡《がっしょうれんこう》を進展促進しています。

こうして主権国家の積極的な存在意義と主権国家間のインターナショナルである関係構造の必要性は徐々に失われつつあるのではないでしょうか。

真のグローバリズムの新しい構造と体制は、近視眼的資本主義を守ろうとする中央集権的政府や国家の存在と矛盾し、最終的には互いを壊し合う制度破壊を起こすでしょう。自由で自律的な個人とコミュニティが地球狭しと草の根レベルで相互に価値創造と交換を求めて縦横無尽に関係する、新しい構造と体制へジャンプするのです。

グローバリズムが切り拓く資本主義の未来がそこにあります。

https://www.nasa.gov/jpl/nasa-there-is-no-asteroid-threatening-earth より引用

五十年後でしょうか、次の世紀を迎える頃でしょうか。

遠くないときに、それは必ずや起こるのではないか、起きてほしいと願っています。

ジャンプした地球世界はどのようなものでしょうか。国家に代わり得る別の上部構造の存在が出現するのでしょうか。それとも自由で自律した個人や企業など自立リバタリアンの集う地球規模のアソシエーションが生まれるのでしょうか。それはユートピアなのでしょうか。千年生きて、目撃証人になりたいものです。

## 未来物語③　民主主義のゆくえ

まず、民主主義の完成は永遠にない、ということをはっきり申し述べておきたいと思います。完成がないからこの主義が問題であるわけではなく、完成させたいという社会の構成員たる人間たちの、おそらくは共通の願いに目を向けて、これからの民主主義のあり方を夢想したいと思います。

私たちが学校の授業で習う歴史スパンである約二千年から三千年の九割以上の時代では、人類は階級や階層制度という同じ人間でありながら支配と被支配の関係性を許す社会構造や仕組みを経験してきました。

人間社会が都市国家（ポリス）や町や村をつくり、その平和的秩序を統制しながら守るために、この階級や階層の制度は、支配者や権力者にとって有効で、ときには被支配者にとっても実利があったのです。

被支配者は、政治活動などの繁忙な事柄とは無関係にひとつの職業に打ち込みさえすれば安全と安心が約束される時代もありました。一方、専制君主からすれば、付き従う者たちから裏切られないように、君主に対する不満をさらに下の階層に向けて吐き出させるという悪の利用方法もあったでしょう。

長い歴史の中で維持されてきたこの階級階層制度を破壊して、国民主権の理想を追い求めて草案され制定されたのは、一九一九年のドイツ共和国憲法、通称ワイマール憲法です。歴史の最初に登場する男女平等・普通選挙を定めた画期的な民主主義憲法でした。

しかし、歴史に登場するには早すぎたようです。

そもそも民主主義はその権利を持つ社会の構成員一人ひとりがそれを理解し、行使する意思を持つことから機能するのです。構成員たる人間たちは情動で動きやすく、理性的に制度を支持するにはまだ未成熟でした。集合的に声をまとめていく大衆としての秩序形成と運動経験も未熟だったのです。

先進的すぎたワイマール憲法が、その反動として、全体主義、ファシズムの体制に取って代わられるのにはほんの十四年間ほどしか要しませんでした。一九三三年、ナチスの政権掌握によって民主主義は専制権力と暴力によって停止され、大衆のストレスやヒトラーに向けられた不満は、他国への侵略やユダヤ民族への迫害によって処理されていくのです。

全世界を巻き込んだ二度にわたる悲惨な近代戦争を越えてやっと社会の構成員たる人間たち、民衆、大衆は、情緒的ながらも理性的に、自分たちの権利を自覚し個人と集団でその意思表示の示威活動を具現化できるようになります。

こうして**階級や階層社会を打破し破壊することで生まれてきたのが、民主主義の推進母体となる大衆です。大衆は多くの個の人間の集まりにもかかわらず、ひとつの方向を支持し、大衆運動やコンセンサスの形成によって、自分たちの支配者を自らの集団的力で選ぶことを実現しました。**

これがデモクラシー、民主主義という代物です。

十八世紀からの産業革命がもたらす大衆の労働力と、大衆の消費力が支える社会構造と貨幣の流通による経済の仕組みが、大衆が主導権を握る社会システムとしての民主主義を生み出す土壌を時間をかけて準備したともいえます。マスプロダクション（大量生産）とマスマーケティング（大量販売と大量消費）というマス＝大衆が顕在化したのです。

現代に通じる現実的な民主主義の原形が自然発生的に勃興したのは、米国です。その米国に民主主義の原点を見出そうとした、十九世紀に生きたトクヴィルは『アメリカの民主政治』を著しました。民主主義の議論をするときに必ず参照される古典です。

トクヴィルが絶対王政と貴族が君臨してきた階級制度の典型的な社会であるフランスからの旅行者であったことが、米国での民主主義の自然なあり方に感銘を覚えさせたのでしょう。

ただし、この時代の米国の民主主義は、アメリカ先住民への抑圧と奴隷貿易で得た黒人に対する人種差別という問題の上に構築された不完全さがあることは否めません。ちなみに、本著を日本に紹介したのは福沢諭吉でした。

トクヴィルは、民主主義を国民による民主的独裁制としてとらえていました。独裁制ですから、そこには民主主義のリスクが内在していることを想定していたのです。

これを回避する自由な政府の実現のために、①地方自治、②結社の自由、③出版・言論の自由、④司法権の拡大、⑤公正な手続き、⑥個人の権利、⑦革命の回避が大事だと指摘しています。これらは今でも有効な示唆を持っています。

## 民主主義とは、国民による民主的独裁制

民主的独裁制の現代的示唆は何でしょうか。これには、民主の主体である民の有り様について考える必要があります。民とは現代の大衆です。現代の大衆による独裁は、ふたつの危険な方向性を内包します。

現代の大衆は、個の存在をアピールする気力を失くしているか、流れに任せることで個の存在を意味づけるか、いずれかの大変危険な状況に陥っているように思います。

前者は参政権の放棄という形で現れます。**投票率の低下**です。後者は、**我田引水的ポピュリズム**という形で現れます。情緒的な論点のみでの未来政策なき選挙活動の主流化です。このふたつが複合的に現れているのが現代日本の民主主義のようにも思えます。

つまりこのふたつの方向性が結果として、将来に危機を招く独裁制を形づくることになるのです。

ここに、金融資本主義のロジックや物差しが入ってくると、大衆はますます使い捨てのモノ化をしていき、最終的にはコモディティ化します。つまり、大衆は経済的に交換し得る個人の集まりとなるのです。個人が均質化することで、民主主義は多様な個人としての主体的な意思を統合するという機能ではなく、**主体のない均質化した個人たちの空気感の流れに任せる、民主的に見えるだけの放任的独裁制、現代の僭主《せんしゅ》制が実体化する**ことになるのではないでしょうか。

世の中の空気の流れを利用するのが僭主《せんしゅ》（民主的形式で選ばれる権力者）であり、僭主は、権力の完全掌握を必然的に目指すことになります。迷える大衆を救えるのは時代を読める（と信じ込んでいる）、圧倒的な民衆の支持で権限を発動できる、僭主自身しかいないと、自ら信じ込むからです。

どこかの極東の国の膨れ上がる国家債務も、二千四百年の人類の文化文明のメッカであったはずのギリシアのデフォルト（債務不履行）危機も、現代の放任的な民主的独裁制がとどめをさすことになるのではないかと危惧しています。空気で動く大衆によって悪意のある僭主が選ばれ、民主的独裁制から本当の専制的独裁制が先進諸国の中に出現してしまうことがないことを祈ります。

誤解のないように繰り返しますが、民主的に選ばれた僭主のみを問題視しているのではなく、むしろ民主的であることを実践する国民個人、大衆の構成者たる個人のあり方をより問題視しているのです。空気だけで動く均質化された個人が構成する大衆は、絶対的な権力者を生んでしまうという人類が体験した悲劇の必然です。

前述の**グローバリズムが本当に目指すものと民主主義のあり方は、ベクトルを交差させる必要がある**との認識です。とどのつまりは**多様な自由で、自立し、自律する個人を復活**しなければなりません。自律する個人で構成される大衆は根源的に正しく強いのです。

## 未来物語（まとめ）　三大イデオロギーの引き起こす複合的問題と総合的処方箋

資本主義とグローバリズム、そして民主主義の現代の三大イデオロギーは大いに揺らぎ、試されています。時代の加担者である私もその責任を感じ、私なりの異端の着眼から未来物語を述べさせていただきました。大部分がホラーストーリーになってしまった部分があることをお許しください。多くの方々からお叱りとご批判を受けることになりそうです。

それから逃げるためではありませんが、明るい未来の人類社会のあり方についての私なりの総合的な処方箋、これら三大イデオロギーを引き起こす複合的問題と課題を異次元と別角度から解決するだろう、目指す方向性について粗削りながら述べておきたいと思います。

結論からいいますと、人類社会が繁栄し続けるためには、まず**マクロ社会が構造的に、「密結合」から「疎結合」へ**移行しなければなりません。

そして**ミクロ社会の個人の生き方は「ノマディズム」**、そして**人類の共通の価値観は「ヒューマニズム」**でなければならないでしょう。

天下のへそ曲がりである私の確信に少しだけ耳を傾けていただければ幸いです。

# 密結合を疎結合へ

人類は科学技術で文明を開化させて、徹底的に安全で効率的な世の中の構造をつくってきました。まさに第三の波である情報化の時代は、世界をボーダーレスにしてひとつの密接につながるサイバー社会をつくり、私たちに魔法の端末を与えてくれてあらゆるモノやコトが瞬時に連関する世界を実現してくれました。

さらにこれらが、今の**IoTイノベーション**（IoT〈Internet of Things〉）とは、コンピュータなどの情報・通信機器だけでなく、世の中に存在するさまざまな物体〈モノ〉に通信機能を持たせ、インターネットに接続したり相互に通信したりすることにより、自動認識や自動制御、遠隔計測などを行うこと）の中で、私たちが何も意図しなくても予測的な未来から私たちのために世の中や身の回りを自動的に動かしていくことになるでしょう。

私たちは能動的に動かなくても受動的にあたかも能動的たり得る存在へと進化（退化でもあります）するのです。

しかしここで問題なのが、この未来を実現させるために、人類は今まで以上にあらゆる危機やリスクを回避するため、巨大で複雑な密結合のインフラやシステムやネットワークをつくり続けなければならないということです。

これが人類を一発で破滅させることになります。

**密結合のグローバルなインフラやシステムやネットワークは、どこかに想定外のほころびが起きると、その全体のインフラが緊密に連携しているすべてのシステムとネットワークを巻き込んで、スパイラルにほころんでいく**からです。

金融資本主義を一発で葬ることができるのはこの密結合であり、すでに人類はそれをリーマンショックで経験ずみです。金融取引市場では、人間は物理的には参加しなくなっています。物理的な個人取引はほんの一部であり、取引のほとんどすべてはアルゴリズム取引という人工知能とマシンが司っているのです。

密結合のシステムの中で、マシンが非情に冷静に機械的に金融資産をスパイラルに売り続ける地獄の構図が描けるとは思いませんか？

密結合の巨大なインフラやシステムやネットワークのほころびの累積的なたわみが限界

点に達すると一気に自壊モードに入ってしまいます。映画『トランセンデンス』では、自らの生体頭脳を人工知能PINNにアップロードしたジョニー・デップ扮する天才科学者ウィル・キャスターが、人工知能と世界に張り巡らされた密結合のネットワークの中で生き続け、劇的に科学的クォンタム・リープ（大躍進）を果たすのですが（ここまでは感動的ですが）、その暴走を止めんと、最後に仕掛けられた破壊ウィルスとともにすべてを失い、急激に崩壊していくというストーリーがありました。まさにこのイメージが重なり慄然となるのです。

**密結合を解いて疎結合にして分散型にするのが処方箋です。**実際上は離れてはくっつく、つまり常時は疎結合で、必要に応じて密結合になる仕組みがいいのではないでしょうか。

たとえば、電力インフラもこの思想で構築します。東日本大震災の原発事故では、発電を集中して行い四方八方に送電することの脆弱さを体験しました。

**柔軟な密であり疎でもある結合の分散型自然発電こそが、エネルギー供給体制の未来の理想的な姿です。**局部的に大震災が生じていくつかの発電所が崩壊してもすぐに他の多くの分散している発電所がつながって送電の復旧が可能となるのです。

# 個人の生き方はノマディズムへ

そしてミクロ社会の個人の生き方は、ノマディズムです。

ノマディズム（Nomadism）とはノマド（遊牧民）の生き方を指します。哲学の世界ではフランスの哲学者であるジル・ドゥルーズの世界観で、多様な生の本質的なイメージを指す言葉です。

同質化してコモデティ化している個人の復権を図り、**自由に自立して自律した個性のある個人が、人間として多様に生きること、決して中央や一般化された思想や体制に巻かれずに解放されて生きること**を目指した考え方と、私なりに理解しています。

ノマディズムの実態化は、この地球上で国境を越えて少しずつ進行していると肌で感じています。何を隠そう、この私自身がノマディズム族の一員です。私の周りには少しずつですがその匂いがする連中が増えつつあります。

ノマディズム族は、人種・宗教・民族・国家・コミュニティに属しながらもそれらに執着せず、重要視せず、自由に行けるところに行き、積極的に他の自律している個人やコミュニティと交流します。価値と認める対象はその生き方に活用できるすべてのモノやコトになりますので、多様です。

ノマディズムの人生や生活の価値観や方法が人類の一般的なものになるとは想定しません。ただし、世の中の一割五分を超えてくると、明らかに人類全体を覆う制度や保持するイデオロギーを変革させるパワーを持つことになるでしょう。

想像してみてください。**ノマディズムはグローバリズムそのもの**となります。**ノマディズムが創造する新たな価値が、資本主義の実体経済の中で差異を反復し、不等価交換されていく**のではないでしょうか。

そして、主権国家の僭主制に偏る民主主義の体制は、自ずと平和的に瓦解することになるのです。

# 人類共通の価値観はヒューマニズムに

そして、人類の共通の価値観は、ヒューマニズムになるというのが私の大仮説の最終論点となります。

私の言うヒューマニズム（Humanism）とは、人道主義ではありません。人道主義は博愛主義とも共通する、暴力を排除して平和を希求する思想です。素晴らしい思想だと思いますが、違います。

またルネサンスの頃に人間中心主義と呼べるようなヒューマニズムがもてはやされた時期もありました。これは人間の理性的優位性にスポットを当てて、野生獣と異なる人間らしさとは人間が持つ理性にある、ととらえる思想だと思いますが、これとも違います。

共通しているのは地球上の生命体の中で人間だけが数千年にわたって自分とは何か、人間とは何か、という大きな問いに向き合ってきた、その真摯な姿勢を持つ人間そのものを敬愛しているということでしょうか。

私の言うヒューマニズムとは、（そんな単語はありませんが）「人間主義」です。**人間主義とは、人間が本質的に根源的に持っている人間性こそを地球上の人類の思想基盤として、地球宗教として、崇め、根づかせようというイデオロギーです。**

人間個体自身が本能的に持っている多様性と普遍性、柔軟性と合理性、情緒性と絶対感性を、人間たちが創り出す社会や制度やモノやコトに適用していこうという考え方となります。

ヒューマニズムこそが人間を救済し、人間社会を破壊して創造しなおすことができる不変の力と信じています。

人間主義を饒舌に語ろうとすればするほど、浅薄な思想に誤解されてしまいそうです。同じ人間仲間である読者の皆さんの人間としての本能をもって、ヒューマニズムが紡ぎ出すであろう未来世界を、想像力たくましく想い巡らせていただければ幸いです。

## 未来物語（おまけ）　人類という種の創世記

フランスの画家ポール・ゴーギャンが十九世紀末にタヒチで描いた絵のタイトルに、「我々はどこから来たのか　我々は何者か　我々はどこへ行くのか」というものがあります。描いた後の自殺は未遂に終わりますが、ゴーギャンも現代の私たちと同様、答えのない時代をがむしゃらに生き抜こうとしていたのだろうと思います。

科学者は、どのようにこの地球が存在する宇宙が創られたかを必死で考えています。「超ひも理論」という凡人には理解できない理論は、百三十七億年前に突如として誕生した宇宙創成の謎を解いてくれるのかもしれません。

宗教家は、どうしてこの宇宙と地球、そして私たち人類が創られたのか、神に問いかけ続けます。ある預言では、人類の運命はハルマゲドンと次の創世記をすでに予定しています。

般若心経は、空《くう》の存在、空《くう》と呼ぶ森羅万象の原理を示します。空《くう》がヤハウェかどうかという議論はどうでもいいのです。神と空《くう》は同じだと、世界のあらゆる宗教の敬虔な信者の激しい叱責を甘受して、言明したいと思います。つまり直感的に存在するということです。最後に雑談じみたＳＦ大仮説を展開して、本書を発禁本にしてしまうことを覚悟のうえで筆をおきたいと思います。

ＭＩＢをご存知ですか。そう、『メン・イン・ブラック』という人気シリーズのＳＦコメディ映画です。私は人類という種は単なる容《い》れもの、容器なのではないかと前から思っています。宇宙から地球にやってきたミトコンドリア人という宇宙人の容れもの、棲む場所です。

ミトコンドリア人が**スパースモデリング**（大量のデータに内在するスパース〈疎〉性を利用し、最大限効率良く情報を処理する仕組み）で創り上げたのが真核生物であり、その進化形のひとつが人間です。実は本著も、私の中のミトコンドリア人が書いているのです。

私たちは酸化による老化を心配しますが、もともと酸素は生物に毒なのです。地球上の先住民である植物たちは葉緑体星人という不可思議な組織体で光合成をやってのけます。植物たちは美味しい二酸化炭素を食べて毒の酸素を吐いていました。

そこに宇宙から酸素を求めてやってきた星の王子さま、ミトコンドリア人は、なんとかこの好物である豊富な酸素を利用して繁殖したいと思いました。そこで見つけた容れものがエネルギーを激しく消費する潜在可能性を持つ真核生物の動物たちの群です。

ミトコンドリア人が棲み始めてからエネルギーをよく消費し始めたと言ってもいいかもしれません。

原始的な動物たちは地球の環境変化に弱く、またお互いを捕食し合って相手を絶滅にまで追いやるバカな生物種でした。そこで困ったミトコンドリア人は、環境にどこまでも適応する動物、よく考えエネルギーを消費する動物、地球上の不確実な環境変化を生き抜く動物としての人間という容れものが、必要になったのです。

これで強大な恐竜や野生獣に打ち勝つことができます。アリンコよりも極小のミトコンドリア人が人間という容れものを操って恐竜や天変地異に勝つことができるのです。

まるで『新世紀エヴァンゲリオン』や『進撃の巨人』のモチーフですね。

古くは『パラサイト・イヴ』というミトコンドリア人の野望を描いた作品もありました。

絶対の存在との対峙として進化した種としての人類は、こうしてミトコンドリア人たちが創り上げたのではないでしょうか。

世界中に熱狂的なファンがいるSF映画シリーズの『スター・ウォーズ』では、フォースというジェダイ特有の力は、細胞の中に共生するミディ＝クロリアンの値が飛びぬけて高いことが必要と描かれています。

もちろんSF映画ですから架空の話ではありますが、どうやら宇宙のエネルギーを集めてくる力は、細胞の中にある共生生物であるミトコンドリア人が鍵を握っているのではないか、という想定がされているのではないかと思います。

設定に疑問があるのは、現在分かっていることとして、ミトコンドリアは母系でのみ引き継がれるにもかかわらず、アナキン・スカイウォーカー（つまりダースベーダー卿）の母のシミにはフォースを備えている様子がなかったことです。実は本当の産みの母親ではないのでしょうか。

映画では父系にあたる謎の父親が強大なフォースを持つ人物だったのではないかと想像をかきたてるのですが、それではミトコンドリアの母系系譜は否定されることになり、物語の背景に疑問が残ってしまいます。

この原稿を執筆している目の前で『スター・ウォーズ／フォースの覚醒』が公開されようとしています。

謎解きはなされるのでしょうか。また古代ギリシア三大悲劇詩人の一人、ソフォクレス作の『オイディプス王』同様の、父殺しという宿命の物語が明らかになっていくのでしょうか。

小さなカミングアウトをすると、DeNA社のMYCODE（マイコード）という唾液による遺伝子検査をしてみたところ、私のミトコンドリア・ハプログループ、つまりミトコンドリア人の遺伝的に分類される母系グループは、日本人では人口1％の165万人しかいないハプログループZ、愛称「北国の民」でした。

北国の民は、シベリアを中心に北欧の一部地域にまで分布が広がっている、アジアでは珍しいヨーロッパとのつながりを持つグループだそうで、フィンランドの先住民と遠い親戚だということらしく、なにやら嬉しく思いました。

読者の皆さんの中で、北国の民の方がいらっしゃれば、ぜひ、165万人の飲み会をやりましょう。

はてさて、この人類の種の未来への創世記についての明確な結論はありません。

創世記の行く末を握っているのはどうやらミトコンドリア人ではないか、という分かりきった話を蒸し返させていただきました。初耳の方は大いにお喜びください。

確実なのは、私たち人間は次の段階の飛躍に向かっているということです。人類はミトコンドリア人の大適応する容れものにさらに大進化するのです。


究極はミトコンドリア人が具現化するもの、人間のヒューマニズムの追求ではないでしょうか。

容れものとしての人間は、ミトコンドリア人の生命本質としての宇宙や自然との共存の実現を目指すのです。絶対神としての宇宙の法則に対峙して成り立ちうるのは、その法則に適応しつつ、その法則をも変え得るヒューマニズムではないかと考えています。

広大なる宇宙空間の中の揺らぎこそが、生命エネルギーの持つヒューマニズムの実現ではないでしょうか。流転のハーモニーとでもいいましょうか、般若心経の「空《くう》」の真の姿だと思います。


ひとつだけリスクを指摘すれば、人類が被征服者から征服者へ大転換する可能性かもしれません。つまりミトコンドリア人が創造した人類が、ミトコンドリア人を征服してしまう危険性があるということです。境界を越えた遺伝子操作などすでにその兆候は顕在化しつつあり、ハルマゲドンはその意味合いとしてやってくる帰結です。

終わりの始まり。ノアの方舟《はこぶね》は再度創りなおされることになります。結局はミトコンドリア人の容れものの人類は、再度創造されることになるでしょう。そうならないことを祈っておりますが。

ヒューマニズムの進化は暴力や戦争を社会から失くすことにつながり、絶対神の補正プログラム（ハルマゲドンです）に反するのですから。

# 着眼がもたらすいくつかの未来物語

日本国家のあり方から地球上のイデオロギーの未来まで

# エピローグ
# 好奇的セレンディピティ

私はシンプルであることが好きなオプティミストです。それなのに複雑怪奇な仕事や生活をしているじゃないか、と私をよく知る友人は呆れて笑うかとは思いますが。おそらく第三者の目には複雑に見える私の動きは、シンプルにセレンディピティを求めているからだと思います。「求む！　セレンディピティ」だから相当ランダムに動くのです。**不確実な未来に向かっては意志を持ってセレンディピティとともに生き抜く覚悟が必要です。だからこそ、単純な好奇心が必要です。**

第二章でいろいろな着眼の方法などをご紹介しましたが、シンプルにいえば、**意図的**

**に何にでも鼻を突っ込んでみる、試してみる、やってみる、できれば何でも挑戦してみる、**ということがどんな方法論よりも、新たな着眼に最も近づく、最も原始的で基礎的で、最も優れたやり方です。

なんだそんな簡単なこと、とお叱りを受けるかもしれませんね。

人間誰しも若い頃は血気盛んです。血気盛んという表現では男の子向けのちょっと危険な匂いがするかもしれません。女の子ならば箸が転んでもおかしい、そういうときが必ずあります。まさに若さの特権です。

個人的にはあまり好みの人格ではありませんが、お隣りの韓国の李明博元大統領がＳＭＡＰの草彅剛のインタビューに答えてこんなことを言っていました。

「私の若い頃の国の貧しかった頃と違って、豊かになった今では、若者の生き方も違いますが、長所もいろいろあります。創造的で、自由で、はつらつとしていて、挑戦的です。二十一世紀は言われたことだけやっていたのでは生きられません。古いやり方だけでは、新しい時代は生きられない。前の世代からは、若い世代は危なっかしく不安に見えるかもしれないが、私は大いに期待し、前向きに捉えています」と。

なかなかいいこと言われるじゃないですか。

誰でも公平に若い頃がありますので容易にイメージできるかと思いますが、どこの国でもいつの時代でも、若者は生きているだけで楽しくてしょうがなく、また何にでも不満をぶつけてみたくなるのが世界人類共通の体験なのです。安保闘争も理由なき反抗も、学生や若きジェームス・ディーンだからこそ必然となるのです。

誤解しないでください。お年寄りを除外し諦めているわけではありません。お年を召した方にこそ、若い頃を思い出してください、とお願いしたいのです。若かりし日を思い出せないはずはありません。年を取ると思い出話に花が咲くのが常だからです。思い出話の中の生き生きした若き日のイメージを精神に持ち込んでみてください。

まずは年寄りという常識や思い込みを捨て、若者の真似事や格好をしてみようではありませんか。今までと違う生活の仕方、生き方に挑戦してみようではありませんか。好奇心に溢れた生活と人生を歩んでみようではありませんか。

**溢れ出る好奇心と血気の行動こそが、すべての革新的な着眼につながる極めつけの方法論なのです。**

とはいえ、現代日本では年寄りのほうがむしろ若者よりも好奇心とその行動を実現して

# エピローグ

## 好奇的セレンディピティ

子どもの頃は、誰もが好奇心を持っている

Photo/Getty Images

いるかもしれませんね。若者は好奇心は持っているのですが、書を捨てて街へ出た昔の若者と違って、引きこもってググっている若者ばかりとなりましたから。

ググることで面白そうな情報ばかり検索しては刹那的な好奇心を満たしていても、実際に街に出て自然や事物や他者に遭遇しないことには、本能的な好奇心は満たされないですよ。

**好奇心が突き動かす行動の結果、人間はセレンディピティと呼ばれる思わぬ幸運なる出会いや発見をすることができるのです。**

人間が生まれて等しく持つ本能的な資質こそが好奇心です。

# おまけメッセージ

縁あって人と出会い、機会に恵まれて、一度満了を決意したベンチャーキャピタル業、事業開発の仕事に、完全復帰してしまうことになりました。一年に一冊執筆するという決意は、もろくも果たされないまま三年が過ぎてしまいました。多忙を理由にするのは自分の怠惰を恥じ入ることからの精いっぱいの虚勢です。

前回多くの方々に賛否両論をいただいた『もう終わっている会社』と同じディスカヴァー・トゥエンティワンの出版界の革命児、干場社長の一声のおかげで前から一度は書き殴ってみたかった本書テーマの執筆にかかることができました。心より感謝致します。

今回はなぜか最初の一文の執筆を始めたときに「である」と綴《つづ》って違和感があり、「です」と綴りました。ドタ勘で「ですます調」で行こうと思ったのです。最初は直感的にそうあるべきと思い、ただそれを信じて「ですます調」で進めたのですが、原稿が半分に差しかかった頃に突然理由が分かりました。

着眼をどうするか、着眼すると何が変わるのか、異端の着眼には何が必要か、と自分に問い質すたびに、左脳的には答えられなかったのです。右脳との連携が必要でした。まさにドタ勘はイノベーションの着眼だったのです。

日頃の仕事では左脳を中心に使っているため、合理性を唯一の根拠と筋道とし、言葉は断定的に短くなります。「～である」「～だ」という文末文調が整合性を持つのです。

本書のテーマの着眼は、**左脳と右脳のアウフヘーベン（止揚）です。左脳だけでも右脳だけでも満たされません。左脳と右脳の相互の関わりと連携が必要なのです。**

脳梁は左脳と右脳の間で情報のキャッチボールをする橋渡しの役割をしているそうです。大脳容積との相対では脳梁の太さには性差があって、男性は細く女性は太いとの研究結果が報告されています。言葉を形成して発するのに男性が主に左脳優先であるのに対して、女性は左脳と右脳の両脳連携で機能しているのではないかという仮説があります。

なるほど、これも着眼です。

個人差があるものの乱暴に言えば、女性は言葉を操るのがうまく、男性はどちらかというと下手くそです。また、ですますは女性に適しているので女性言葉、であるは男性言葉と言ってもいいかもしれません。本書の目指す着眼を着眼するというチャレンジをうまく表現するためには右脳の力による女性言葉が必要でした。

右脳の力を引き出して左脳的に処理して表現する、あるいは左脳のロジックを右脳的に処理して表現する、その両方の脳梁での橋渡しの作業の最中に生まれてきたのが女性言葉のですます調ではないかと思っています。日本の言葉や表現は奥深いと改めて感じました。

そもそも言葉という構造が持つ世界が、人間の物事に対する思想や姿勢を変える傾向があることは、自分の経験からも分かっていたつもりです。英語や中国語は主語の後に動詞がきますし、肯定か否定かが最初に伝わる構造になっています。したがってものごとの白黒が断定的に判断される傾向があり、アクションオリエンテッド（行動志向）なので結論を急ぐことになります。つまり、あんまり考えるプロセスがない、少なくなる可能性があるということです。

これに対しての日本語の世界は言い古されたことですが、静的であいまいです。肯定なのか否定なのか文章の最後まで分かりません。

結論を急ぐことなく、余韻を残すことになります。

この日本語の特質こそが、対面のコミュニケーション時の柔軟さ、相手を慮る姿勢を生み出しているのではないかと思います。争わずに融和を目指すスタイルです。もちろん悪く作用すると、あいまいで何を考えているか分からず、場に流されてしまうリスクのある言語でもありますが。

着眼を着眼する日本語の女性言葉との相性の良さを私自身は本著を書き下ろしながら実体験しました。あなたが男性の方で、いつも「である」「だ」調で日本語を使っていらっしゃるのであれば（もちろん女性の方でそのような方も）、ぜひ一度、「ですます」調で日本語を利用してみることをお勧めします。

LGBT、特にゲイの方々が言葉を上手に扱い右脳的なセンスをお持ちであることが多いのは、もしかすると日本語の利用の仕方とも関係しているのではないかという気がしてなりません。

最後にまた脱線してしまいました。

本著にたまたま着眼されて手に取られ購入してしまった方には、繰り返しとなりますが、なんと素晴らしい着眼！と手前味噌に賞賛の言葉をお贈りしたいと存じます。

皆さまのこれからの人生と生活が好奇心に溢れ、セレンディピティに雀躍《じゃくやく》されることを切に願っております。

ご読破いただき、ありがとうございました。

伊勢志摩にて　古我 知史

# エピローグ

好奇的セレンディピティ

# ベンチャーキャピタリストが語る着眼の技法

発行日　2015年11月20日　第1刷

Author　古我知史

Illustrator　水谷慶大
Book Designer　小林剛
Photo　Getty Images

Publication　株式会社ディスカヴァー・トゥエンティワン
〒102-0093　東京都千代田区平河町2-16-1 平河町森タワー11F
TEL　03-3237-8321（代表）
FAX　03-3237-8323
http://www.d21.co.jp

Publisher　干場弓子
Editor　干場弓子＋井上慎平

Marketing Group
Staff　小田孝文　中澤泰宏　片平美恵子　吉澤道子　井筒浩　小関勝則
千葉潤子　飯田智樹　佐藤昌幸　谷口奈緒美　山中麻吏
西川なつか　古矢薫　伊藤利文　米山健一　原大士　郭迪
松原史与志　蛯原昇　中山大祐　林拓馬　安永智洋　鍋田匠伴
榊原僚　佐竹祐哉　塔下太朗　廣内悠理　安達情未　伊東佑真
梅本翔太　奥田千晶　田中姫菜　橋本莉奈　川島理　倉田華
牧野類　渡辺基志
Assistant Staff　俵敬子　町田加奈子　丸山香織　小林里美　井澤徳子　藤井多穂子
藤井かおり　葛目美枝子　竹内恵子　清水有基栄　小松里絵
川井栄子　伊藤由美　伊藤香　阿部薫　常徳すみ　三塚ゆり子
イエン・サムハマ　南かれん

Operation Group
Staff　松尾幸政　田中亜紀　中村郁子　福永友紀　山﨑あゆみ　杉田彰子

Productive Group
Staff　藤田浩芳　千葉正幸　原典宏　林秀樹　三谷祐一　石橋和佳
大山聡子　大竹朝子　堀部直人　松石悠　木下智尋　伍佳妮
賴奕璇

Proofreader　鷗来堂
DTP　アーティザンカンパニー株式会社
Printing　大日本印刷株式会社



ISBN978-4-7993-1803-4